JN234506

反切表

子音字 \ 母音字		1 ㅏ [a]	2 ㅑ [ja]	3 ㅓ [ɔ]	4 ㅕ [jɔ]	5 ㅗ [o]	6 ㅛ [jo]	7 ㅜ [u]	8 ㅠ [ju]
A	ㄱ [k]	가	갸	거	겨	고	교	구	규
B	ㄴ [n]	나	냐	너	녀	노	뇨	누	뉴
C	ㄷ [t]	다	댜	더	뎌	도	됴	두	듀
D	ㄹ [r]	라	랴	러	려	로	료	루	류
E	ㅁ [m]	마	먀	머	며	모	묘	무	뮤
F	ㅂ [p]	바	뱌	버	벼	보	뵤	부	뷰
G	ㅅ [s,ʃ]	사	샤	서	셔	소	쇼	수	슈
H	ㅇ	아	야	어	여	오	요	우	유
I	ㅈ [tʃ]	자	쟈	저	져	조	죠	주	쥬
J	ㅊ [tʃʰ]	차	챠	처	쳐	초	쵸	추	츄
K	ㅋ [kʰ]	카	캬	커	켜	코	쿄	쿠	큐
L	ㅌ [tʰ]	타	탸	터	텨	토	툐	투	튜
M	ㅍ [pʰ]	파	퍄	퍼	펴	포	표	푸	퓨
N	ㅎ [h]	하	햐	허	혀	호	효	후	휴
O	ㄲ [ʔk]	까	꺄	꺼	껴	꼬	꾜	꾸	뀨
P	ㄸ [ʔt]	따	땨	떠	뗘	또	뚀	뚜	뜌
Q	ㅃ [ʔp]	빠	뺘	뻐	뼈	뽀	뾰	뿌	쀼
R	ㅆ [ʔs,ʔʃ]	싸	쌰	써	쎠	쏘	쑈	쑤	쓔
S	ㅉ [ʔtʃ]	짜	쨔	쩌	쪄	쪼	쬬	쭈	쮸

（このテキストで習う順番に並べてあります）

11	12	13	14	15	16	17	18	19	20	21
ㅐ	ㅒ	ㅔ	ㅖ	ㅘ	ㅙ	ㅚ	ㅝ	ㅞ	ㅟ	ㅢ
[ɛ]	[jɛ]	[e]	[je]	[wa]	[wɛ]	[we, ø]	[wɔ]	[we]	[wi]	[ɯi]
개	걔	게	계	과	괘	괴	궈	궤	귀	긔
내	냬	네	녜	놔	놰	뇌	눠	눼	뉘	늬
대	댸	데	뎨	돠	돼	되	둬	뒈	뒤	듸
래	럐	레	례	롸	뢔	뢰	뤄	뤠	뤼	릐
매	먜	메	몌	뫄	뫠	뫼	뭐	뭬	뮈	믜
배	뱨	베	볘	봐	봬	뵈	붜	붸	뷔	븨
새	섀	세	셰	솨	쇄	쇠	쉬	쉐	쉬	싀
애	얘	에	예	와	왜	외	워	웨	위	의
재	쟤	제	졔	좌	좨	죄	줘	줴	쥐	즤
채	챼	체	쳬	촤	쵀	최	춰	췌	취	츼
캐	컈	케	켸	콰	쾌	쾨	쿼	퀘	퀴	킈
태	턔	테	톄	톼	퇘	퇴	퉈	퉤	튀	틔
패	퍠	페	폐	퐈	퐤	푀	풔	풰	퓌	픠
해	햬	헤	혜	화	홰	회	훠	훼	휘	희
깨	꺠	께	꼐	꽈	꽤	꾀	꿔	꿰	뀌	끠
때	떄	떼	뗴	똬	뙈	뙤	뚸	뛔	뛰	띄
빼	뺴	뻬	뼤	뽜	뽸	뾔	뿨	쀄	쀠	쁴
쌔	썌	쎄	쎼	쏴	쐐	쐬	쒀	쒜	쒸	씌
째	쨰	쩨	쪠	쫘	쫴	쬐	쭤	쮀	쮜	찌

書いて覚える初級朝鮮語

改訂版
CD付

高島淑郎

白水社

さし絵　池　貴巳子

は じ め に

　大韓民国と朝鮮民主主義人民共和国は日本の隣国です．ここに現在，おおよそ6,500万の人々が生活を営んでいると言われますが，他にも中国の東北部やアメリカ，中央アジア，ロシア，そして日本にも彼らの同胞がたくさん暮らしています．彼らが使っている言葉を大韓民国では「韓国語」(ハングンマル) と呼び，朝鮮民主主義人民共和国では主として「朝鮮語」(チョソンマル) と呼んでいます．呼び名はそれぞれ異なっても，両者はほとんど同じものであって互いの意志疎通に障害を来たすことはまず無いと言ってよいでしょう．日本でも両方の呼び名が使われていますが，このテキストでは総称として「朝鮮語」と呼ぶことにします．

　ここ数年，朝鮮語を学ぶ人が増えているようです．大学でも選択科目や第二外国語に朝鮮語を加えるようになってきましたし，NHKの「ハングル講座」で学ぶ人，新聞社主催のカルチャーセンターや自治体が住民を対象に開く集中講座に通う人も少なくありません．隣国であることや歴史的関係を考えれば当然のことですし，これからももっともっと増えていってしかるべきだと思います．

　朝鮮語は，語順などの面で日本語との共通点が多いと言われます．それは確かですが，だからと言って簡単に独修できるものではありません．やはり，教える者と，カリキュラムにふさわしいテキストが常に必要になります．そこで，このテキストを書くにあたっては，大学や語学教室の授業用，つまり教科書として使えるよう心掛けました．特長を具体的に述べますと，次の三点を挙げることが出来ます．

　1．過多でも過少でもない文法説明
　2．単語の発音を分かりやすいカタカナで表記
　3．学習者同士が対話練習できるよう構成された本文

　しかし，このテキストの最大の特長は何と言っても"書いて覚える"という点です．対話練習を繰り返した後，今度は自ら直接ハングルを書きます．つまり，グループ学習と，書くというひとりだけの作業を交互に行なうことで，朝鮮語を一歩一歩確実に自分のものにしてゆこうというねらいです．また，本書付属CDを使えば自習にも十分耐え得るように編んであります．通学できない環境にある人も決してあきらめないでください．

　このテキストで，朝鮮語に初めて出会う人も多いと思います．出会いを大切にして，おわりまで学んでください．

高 島 淑 郎

目　次

第1課	文字について	6
	母音について	7
第2課	子音について－1	10
第3課	子音について－2	14
第4課	単語の発音	18
第5課	濃音について	22
第6課	複合母音について	26
	単語の発音	28
第7課	終声について	30
	子音字の呼称	31
第8課	連音について	34
	平音の濃音化	35
	ㅎ(ヒウッ)について	35
第9課	鼻音化について	38
	流音化について	39
	日本語のハングル表記	39
第10課	辞書の引き方	42
第11課	저는 학생입니다. （私は学生です.）	46
第12課	저는 학생이 아닙니다. （私は学生ではありません.）	50
第13課	3 학년입니다. （三年生です.）	54
第14課	뭐라고 합니까? （何と言いますか?）	58
第15課	지금 몇 시입니까? （今，何時ですか?）	62
第16課	어디 갑니까? （どこ行くのですか?）	66
第17課	역에서 집까지 （駅から家まで）	70

第18課 말씀 좀 묻겠습니다. （ちょっとお尋ねします．）······76

第19課 연세가 어떻게 되십니까? （おいくつでいらっしゃいますか？）·80

第20課 좋아하지 않습니다. （好きではありません．）············84

第21課 좋아해요? （好きですか？）···································88

第22課 어서 오세요. （いらっしゃいませ．）·····················92

第23課 언제 오셨어요? （いついらっしゃいましたか？）·····96

第24課 또 하나의 지구 ·······································100

練習問題解答··104

付録　　　主な語尾···108

　　　　　変則用言表··113

　　　　　終止形一覧··116

　　　　　朝鮮民主主義人民共和国の正書法············118

文法事項索引···119

書き取り問題解答欄/解答·····································121

単語集（朝鮮語・日本語，日本語・朝鮮語）

勉強のすすめ方

　書名にもあるとおり，テキストに直接書き込んで覚える形式になっています．1課から9課までで文字と発音を学び，10課で辞書の引き方を覚えます．　この間の会話の練習は「カタカナ会話」を丸暗記することで補います．

　11課から23課までで基礎会話を学ぶわけですが，この部分を教室で勉強する場合は以下の方法が有効です．

　　1．隣席の者と組をつくり，登場人物の役割分担を交互に代えて，本文を何度も発音する．

　　2．「野村」や「金秀哲」などの部分を自分たちの名前に置き換え，なおかつ「言い換え例」の単語や文章を利用して出来るだけ自分たちに即した内容に変えて何度も発音する．

　　3．1人はテキストを見て，もう1人はテキストを見ないで言えるようにする．

　　4．2人ともテキストを見ないで言えるようにする．

　最後の24課は，文章を読むための足掛かりになるものです．この課を終えて，さらに「付録」の部分に目を通した後は新聞や雑誌にも挑戦してみてください．

　また，書き取り部分は，各課に即して教師に問題をつくってもらうか，本書付属CDの「書き取り問題」を利用してください．

　11課から23課までの本文はすべて質問と応答の形になっています．その内容は，初級レベルで大切な数字の暗記と自己紹介に重点が置かれています．最終的には本文のすべて（74文）をそらんじるようにしましょう．

第・1・課

この課では，10個の基本母音(朝鮮語の母音は半母音を含めて21個)を学びます．この課を終えると아이「子供」，우유「牛乳」，이유「理由」などの単語が読めるようになります．

§ 文字について

朝鮮文字がつくられたのは1443年，15世紀のことです．朝鮮王朝(李朝)4代目の国王・世宗(セヂョン)(在位：1418-1450年)が学者とともに創制したもので，当初「訓民正音(フンミンヂョンウム)」と呼ばれていました．現存する二種の解説本にも，同様の名がつけられています．現在，大韓民国(以下[南]と略す)では主にハングル(한글：ハンは「偉大なる」グルは「文字」の意)，朝鮮民主主義人民共和国(以下[北]と略す)ではチョソングル(조선글：チョソンは「朝鮮」の意)などと呼ばれています．

この文字は，10個の基本母音字と14個の基本子音字から成る表音文字です．このほかにも複合母音字(11個)と，濃音(5個)と呼ばれる子音字があり，全体では母音字21個と子音字19個から成っています(表見返の「反切表」を参照)．

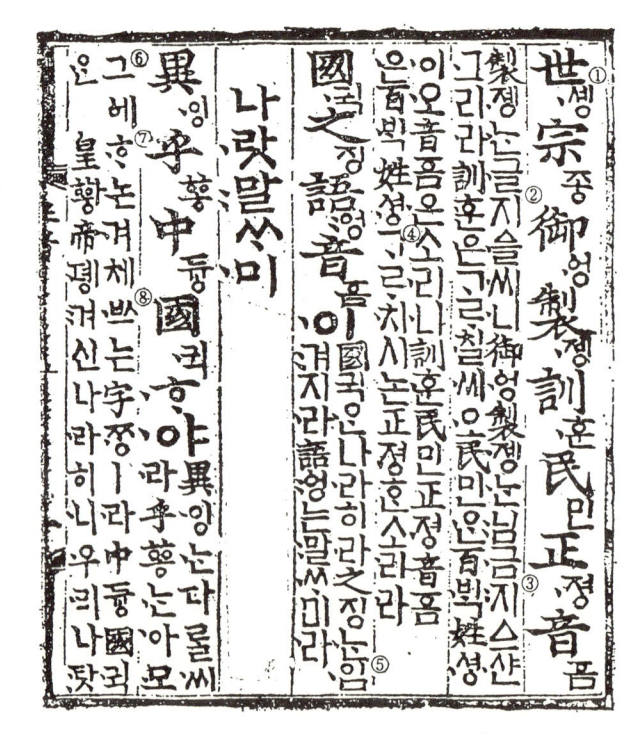

『訓民正音』(月印本)

《母音字》

母音字はもともと「天」「地」「人」の「三才」が基本になっていると，「訓民正音解例」に書かれています．円い天は「・」，平らな地は「ー」，立つ人は「ｌ」，つまり，天(・)+地(ー)→ㅗ，地(ー)+天(・)→ㅜ である，というわけです(現在では「天」の形は使われません)．

《子音字》

子音字は，発音器官の形を模してつくられたと説明されています．「舌の根が喉を閉じた形」のㄱ，「舌が上の歯ぐきについた形」のㄴ，「口の形」のㅁ，「歯の形」のㅅ，「喉の形」のㅇ，等です．

《音節》

　一つの音節を書き表す場合，この言語では必ず子音字＋母音字の形をとります．たとえば，子音字"ㄱ"[k]と母音字"ㅏ"[a]が一組になって"가"[ka]（カ）という音節をつくるわけで，"か"の一字で子音と母音を表す「平仮名」と違ってアルファベットに近いものです．よって，この文字は音節文字の性格を持つ音素文字と言えます．一つの音節は，子音（初声）＋母音（中声）の「開音節」，または子音（初声）＋母音（中声）＋子音（終声）の「閉音節」の，いずれかの形をとっています．それでは実際に書き表してみましょう．

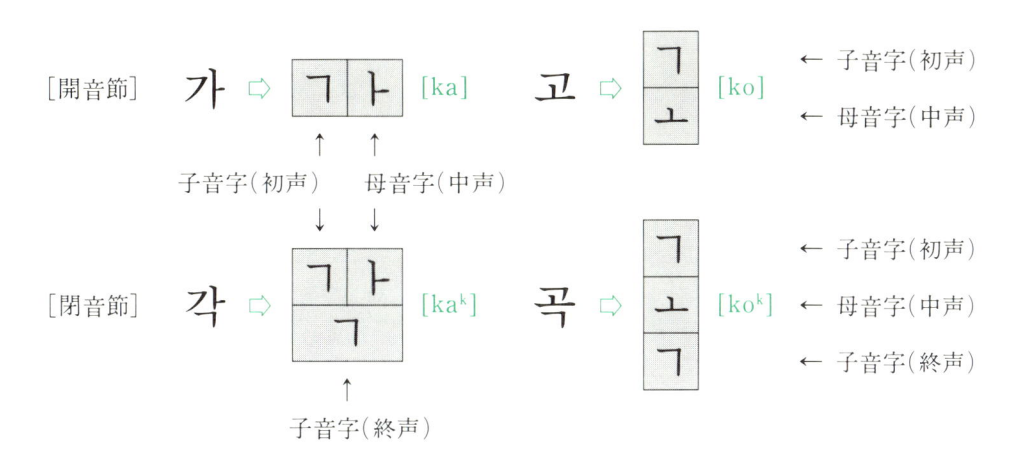

[開音節]　가 ⇨ ｜ㄱ｜ㅏ｜ [ka]　　고 ⇨ ｜ㄱ｜／｜ㅗ｜ [ko]　← 子音字（初声）／← 母音字（中声）

　　　　　　　　　↑　↑
　　　　　　　子音字（初声）母音字（中声）

[閉音節]　각 ⇨ ｜ㄱ｜ㅏ｜／｜ㄱ｜ [ka^k]　　곡 ⇨ ｜ㄱ｜／｜ㅗ｜／｜ㄱ｜ [ko^k]　← 子音字（初声）／← 母音字（中声）／← 子音字（終声）

　　　　　　　　　　　↑
　　　　　　　　子音字（終声）

§ 母音について

　では，10個の基本母音字から学び始めましょう．書き順は「上から下へ」「左から右へ」が原則です．

　①　②　③　④　⑤　⑥　⑦　⑧　⑨　⑩
　ㅏ　ㅑ　ㅓ　ㅕ　ㅗ　ㅛ　ㅜ　ㅠ　ㅡ　ㅣ

　実際には，下表のように，初声では音のない子音字である"ㅇ"をともなって書かれます．この"ㅇ"は，活字の場合には上に点のつくことがありますが，手書きではつけずに真ん丸に書きます（書き順はp.10を参照）．

① 아 [a]	日本語の「ア」とほぼ同じで，口をやや大きめに開け，はっきりと発音します．
② 야 [ja]	"아"にyの音が加わって，日本語の「ヤ」とほぼ同じ音になります．
③ 어 [ɔ]	"아"に比べて口をやや閉じぎみにし，日本語の「オ」の音を出します．唇を突き出さずに「オ」と発音する要領です．
④ 여 [jɔ]	"어"にyの音が加わって，日本語の「ヨ」に近い音になります．　以上，아야어여の4つの発音では，**いずれも唇を突き出さない（非円唇）**ように注意してください．

⑤ 오 [o]	日本語の「オ」とほぼ同じ音ですが，必ず唇を突き出して発音します．
⑥ 요 [jo]	"오"にyの音を加えて，日本語の「ヨ」とほぼ同じ音になります．
⑦ 우 [u]	日本語の「ウ」とほぼ同じ音ですが，必ず唇を突き出して発音します．
⑧ 유 [ju]	"우"にyの音が加わって，日本語の「ユ」とほぼ同じ音になります． 以上，오요우유の4つの発音では，아야어여と違い，**いずれも唇を突き出す**(円唇)ことに気をつけてください．
⑨ 으 [ɯ]	日本語の「ウ」に近い音ですが，"우"とは違い，唇を突き出さず横に引いて発音します．
⑩ 이 [i]	日本語の「イ」とほぼ同じ音ですが，それよりは唇を横に引いてはっきりと発音します．以上，으이の二つの発音では，**いずれも唇を横に引く**(平唇)ことに気をつけてください．

　以上，大まかにいえば，아야어여は「ア」「ヤ」「オ」「ヨ」を唇を突き出さずに，오요우유は「オ」「ヨ」「ウ」「ユ」を唇を突き出し，으이は「ウ」「イ」を唇を横に引く要領で，それぞれ発音します．

［練習 1］　　아야어…の順でヨコに10回ずつ書いてみましょう．　　CD ▶ 1

	아	야	어	여	오	요	우	유	으	이
1.	아	야	어	여	오	요	우	유	으	이
2.	아	야	어	여	오	요	우	유	으	이
3.										
4.										
5.										
6.										
7.										
8.										
9.										
10.										

[練習2]　　非円唇, 円唇, 平唇という唇の形に気をつけて発音してみましょう. CD ▶ 2

1. 아 야 어 여　　2. 야 여 여 야　　3. 어 오 오 어

4. 여 요 요 여　　5. 우 으 으 우

[練習3]　　発音しながら3回ずつ書いてみましょう.　　CD ▶ 3

1. 아이 「子供」(アイ)　＿＿＿＿＿　＿＿＿＿＿　＿＿＿＿＿

2. 여유 「余裕」(ヨユ)　＿＿＿＿＿　＿＿＿＿＿　＿＿＿＿＿

3. 오이 「キュウリ」(オイ)　＿＿＿＿＿　＿＿＿＿＿　＿＿＿＿＿

4. 우유 「牛乳」(ウユ)　＿＿＿＿＿　＿＿＿＿＿　＿＿＿＿＿

5. 이유 「理由」(イーユ)　＿＿＿＿＿　＿＿＿＿＿　＿＿＿＿＿

[カタカナ会話1]　CD ▶ 4

A 안녕하십니까?　／　A′ 안녕하세요?
　アンニョン ハ シム ニ カ　　　　　アンニョン ハ セ ヨ

B 네, 안녕하십니까?／　B′ 네, 안녕하세요?
　ネー, アンニョン ハ シム ニ カ　　　ネー, アンニョン ハ セ ヨ

　あいさつ言葉で, 朝昼晩に, また初対面のときにも使えます. 直訳すると, 「安寧でいらっしゃいますか」「ごきげんいかがですか」です. 慣習ですから"ネー"「はい」と答え, 相手にも"アンニョンハシムニカ"とお返ししましょう. ABはA′B′に比べ, よりフォーマルな言い方です. どちらかと言うとABは男性が, A′B′は女性が多用します. 男性がA′B′を使っても構いません.

第・2・課

この課では，14個の基本子音（朝鮮語の子音は19個）のうちの9個を学びます．この課を終えると비「雨」，소「牛」，우리「私達」などの単語が読めるようになります．

§ 子音について−1

この課と第3課では子音について学びます．まず14個の基本子音字，数字は書き順です．

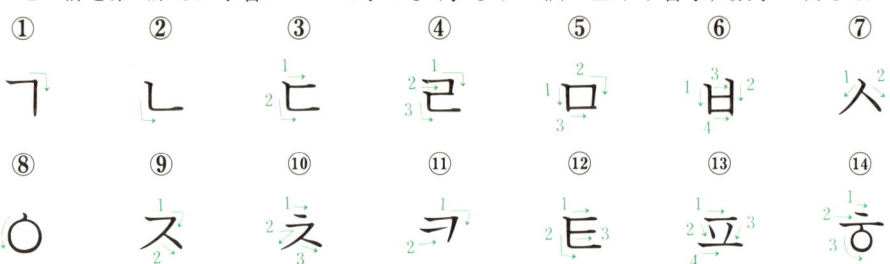

① ② ③ ④ ⑤ ⑥ ⑦
ㄱ ㄴ ㄷ ㄹ ㅁ ㅂ ㅅ

⑧ ⑨ ⑩ ⑪ ⑫ ⑬ ⑭
ㅇ ㅈ ㅊ ㅋ ㅌ ㅍ ㅎ

① ㄱ [k・g・-ᵏ]

語頭にきたときは[k]，語中では[g]，終声なら[-ᵏ]の音です（終声に関しては第7課でまとめて勉強します）．この"ㄱ"に母音の"ㅏ"がつくと"가"[ka]（カ）になります．"갸"ならば[kja]（キャ），"고"ならば[ko]（コ）と読めます．ところが，"가가"という音の連続では，最初の"가"では"ㄱ"が語頭にきているので[ka]（カ）の音ですが，次の"가"で"ㄱ"は語中にきますから[ga]（ガ）と濁ります．同様に，"고고"は[kogo]（コゴ）です．濁ったときの発音は，鼻濁音にならないようにしましょう．

語頭　語中
가 가 가 가　[kagagaga]　（カガガガ）

それではこの"ㄱ"に基本母音字を組み合わせてみましょう．

가 [ka]（カ）　　갸 [kja]（キャ）　　거 [kɔ]（コ）
겨 [kjɔ]（キョ）　고 [ko]（コ）　　교 [kjo]（キョ）
구 [ku]（ク）　　규 [kju]（キュ）　　그 [kɯ]（ク）
기 [ki]（キ）

子音が加わっても가갸거겨は唇を突き出さずに，고교구규は唇を突き出して発音するよう心掛けましょう．

② ㄴ [n]	初声でも終声でも，あるいは語頭でも語中でも[n]の音です．	
	나 [na] （ナ）　　냐 [nja] （ニャ）　　너 [nɔ] （ノ）	
	녀 [njɔ] （ニョ）　　노 [no] （ノ）　　뇨 [njo] （ニョ）	
	누 [nu] （ヌ）　　뉴 [nju] （ニュ）　　느 [nɯ] （ヌ）	
	니 [ni] （ニ）	
③ ㄷ [t·d·-ᵗ]	語頭で[t]，語中で[d]，終声なら[-ᵗ]になります．"다다"なら[tada]（タダ），"가다"では[kada]（カダ）です．	
	다 [ta] （タ）　　댜 [tja] （ティャ）　　더 [tɔ] （ト）	
	뎌 [tjɔ] （ティョ）　　도 [to] （ト）　　됴 [tjo] （ティョ）	
	두 [tu] （トゥ）　　듀 [tju] （ティュ）　　드 [tɯ] （トゥ）	
	디 [ti] （ティ）	
④ ㄹ [r·l]	初声で [r]，終声で [l]．［南］ではふつう外来語を除いて語頭には立ちません（例：姓の一つである「李」：［北］리　［南］이）．	
	라 [ra] （ラ）　　랴 [rja] （リャ）　　러 [rɔ] （ロ）	
	려 [rjɔ] （リョ）　　로 [ro] （ロ）　　료 [rjo] （リョ）	
	루 [ru] （ル）　　류 [rju] （リュ）　　르 [rɯ] （ル）	
	리 [ri] （リ）	
⑤ ㅁ [m]	いずれの場合も[m]の音です．	
	마 [ma] （マ）　　먀 [mja] （ミャ）　　머 [mɔ] （モ）	
	며 [mjɔ] （ミョ）　　모 [mo] （モ）　　묘 [mjo] （ミョ）	
	무 [mu] （ム）　　뮤 [mju] （ミュ）　　므 [mɯ] （ム）	
	미 [mi] （ミ）	

⑥ ㅂ [p・b・-ᵖ]	語頭で[p]，語中で[b]，終声で[-ᵖ]の音になります．"보보"なら[pobo]（ポボ），"부부"なら[pubu]（プブ）になります．	
	바 [pa]（パ）　　　뱌 [pja]（ピャ）　　　버 [pɔ]（ポ） 벼 [pjɔ]（ピョ）　　　보 [po]（ポ）　　　뵤 [pjo]（ピョ） 부 [pu]（プ）　　　뷰 [pju]（ピュ）　　　브 [puɯ]（プ） 비 [pi]（ピ）	
⑦ ㅅ [s/ʃ・-ᵗ]	語頭でも語中でも[s]か[ʃ]の音ですが，終声にきたときは[-ᵗ]です． **語中で濁音にならないよう気をつけましょう．**	
	사 [sa]（サ）　　　샤 [ʃa]（シャ）　　　서 [sɔ]（ソ） 셔 [ʃɔ]（ショ）　　　소 [so]（ソ）　　　쇼 [ʃo]（ショ） 수 [su]（ス）　　　슈 [ʃu]（シュ）　　　스 [suɯ]（ス） 시 [ʃi]（シ）	
⑧ ㅇ [無音・ŋ]	初声では音が無く，終声では[ŋ]の音になります．	
	아 [a]（ア）　　　야 [ja]（ヤ）　　　어 [ɔ]（オ） 여 [jɔ]（ヨ）　　　오 [o]（オ）　　　요 [jo]（ヨ） 우 [u]（ウ）　　　유 [ju]（ユ）　　　으 [ɯ]（ウ） 이 [i]（イ）　　　☆ 第1課の［練習1］と同じです．	
⑨ ㅈ [tʃ・dʒ・-ᵗ]	語頭で[tʃ]，語中で[dʒ]，終声で[-ᵗ]になります．자と쟈，저と져，조と죠，주と쥬はそれぞれ同じ音です．現在쟈，쥬はほとんど用いられず，また져，죠が語頭に立つことはほとんどありません．	
	자 [tʃa]（チャ）　　　쟈 [tʃa]（チャ）　　　저 [tʃɔ]（チョ） 져 [tʃɔ]（チョ）　　　조 [tʃo]（チョ）　　　죠 [tʃo]（チョ） 주 [tʃu]（チュ）　　　쥬 [tʃu]（チュ）　　　즈 [tʃuɯ]（チュ） 지 [tʃi]（チ）	

★ "ㅈ(ㅊ・ㅉ)"とともに"ㅈ(ㅊ・ㅉ)"の書体も使われますが，両者は同じものです．手書きでは前者を用いるのが普通です．

[練習 4] 子音字と母音字を組み合わせ，가 갸 거 겨 …… 나 냐 너 녀……の順に下の表を完成させましょう．子音の順序を覚えるコツは，各子音字に"ㅏ"をつけたもの(가・나・다・라・마・바・사・아・자)を暗記することです． **CD ▶ 6**

	ㅏ	ㅑ	ㅓ	ㅕ	ㅗ	ㅛ	ㅜ	ㅠ	ㅡ	ㅣ
ㄱ	가									
ㄴ	나									
ㄷ	다									
ㄹ	라									
ㅁ	마									
ㅂ	바									
ㅅ	사									
ㅇ	아									
ㅈ	자									

[練習 5] 1～4を発音しながら3回ずつ書いてみましょう．3の"소"と，4の"우리"の"우"が円唇，つまり唇を突き出して発音します． **CD ▶ 7**

1. 다리 「橋」(タリ) ＿＿＿＿＿ ＿＿＿＿＿ ＿＿＿＿＿

2. 비 「雨」(ピ) ＿＿＿＿＿ ＿＿＿＿＿ ＿＿＿＿＿

3. 소 「牛」(ソ) ＿＿＿＿＿ ＿＿＿＿＿ ＿＿＿＿＿

4. 우리 「私達」(ウリ) ＿＿＿＿＿ ＿＿＿＿＿ ＿＿＿＿＿

5. 가 나 다 라 마 바 사 아 자 (一息に発音するとダ・バ・ジャは濁音になるので「カナダラマバサアヂャ」になる)

[カタカナ会話2] CD ▶ 8 直訳すると「感謝します」，つまり「ありがとうございます」です．ほかに"고맙습니다"(コマッスムニダ)がありますが，これは"감사합니다"に比べインフォーマルな言い方です．"아뇨"は「いいえ」．「どういたしまして」に当たる"천만에요"(チョンマネヨ)という表現もありますが，よく使われるのは"아뇨"のほうです．

—감사합니다．
 　カムサハムニダ
—아뇨．
 　アニョ

第・3・課

この課では，残る5個の基本子音を学びます．これで19個の子音の中の基本子音14個すべてをマスターすることになります．この課を終えると보리차「麦茶」，아파요「痛いです」，커피「コーヒー」などが読めるようになります．

§ 子音について－2

この課で習うのは基本子音の中でも「激音」と言われるもので，前課に出てきたㄱ・ㄷ・ㅂ・ㅈ（これらを「平音」と言います）にそれぞれ一画加えたり形を多少変えたりして作られたものと，"ㅎ"の5つです．平音より**息を強めに吐き出すように発音します**．自分の発音が激音になっているか否かを知るには，口の前に手などをあてて息が強く出ているかどうか確かめるとよいでしょう．なお，平音と違い，**激音は語頭でも語中でも音に変化はありません**（書き順はp.10を参照）．

このテキストでは，激音（"ㅎ"を除く）部分の発音をカタカナではなく平仮名で表記することにします．発音記号は第2課で学んだ，tʃ(ㅈ)，k(ㄱ)，t(ㄷ)，p(ㅂ)の右上に"ʰ"をつけて表すことにします．

⑩ ㅊ [tʃʰ・⁻ᵗ]	"ㅈ"の変形で，初声で[tʃʰ]，終声では[⁻ᵗ]の音になります．차と챠，쳐と쳐，초と쵸，추と츄はそれぞれ同じ音です．しかし，챠，쵸，츄はほとんど使われません．やはり，ㅏ・ㅑ・ㅓ・ㅕのつくものは唇を突き出さず(非円唇)，ㅗ・ㅛ・ㅜ・ㅠのつくものは唇を突き出して(円唇)，それぞれ発音します． 차 [tʃʰa](ちゃ)　　챠 [tʃʰa](ちゃ)　　쳐 [tʃʰɔ](ちょ) 쳐 [tʃʰɔ](ちょ)　　초 [tʃʰo](ちょ)　　쵸 [tʃʰo](ちょ) 추 [tʃʰu](ちゅ)　　츄 [tʃʰu](ちゅ)　　츠 [tʃʰɯ](ちゅ) 치 [tʃʰi](ち)
⑪ ㅋ [kʰ・⁻ᵏ]	初声で[kʰ]，終声では[⁻ᵏ]の音になります．"ㄱ"の変形です． 카 [kʰa](か)　　캬 [kʰja](きゃ)　　커 [kʰɔ](こ) 켜 [kʰjɔ](きょ)　　코 [kʰo](こ)　　쿄 [kʰjo](きょ) 쿠 [kʰu](く)　　큐 [kʰju](きゅ)　　크 [kʰɯ](く) 키 [kʰi](き)

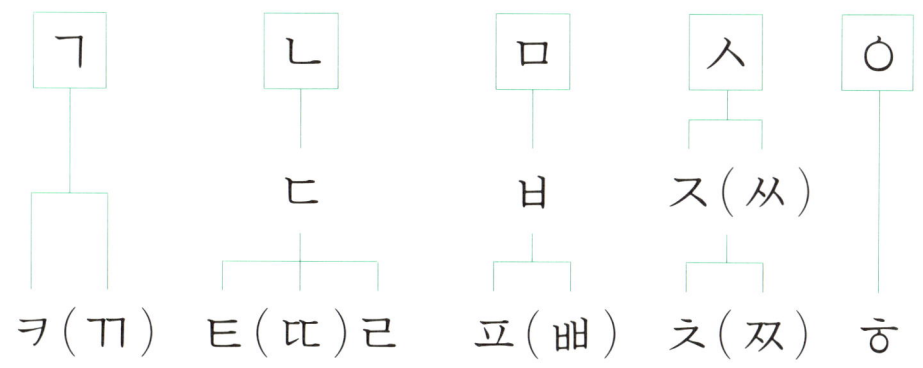

⑫ ㅌ [tʰ・-ᵗ]	"ㅌ"と書くこともあります．初声で[tʰ]，終声では[-ᵗ]の音になります．"ㄷ"の変形です．	
	타 [tʰa]（た）　　　탸 [tʰja]（てぃゃ）　　　터 [tʰɔ]（と） 텨 [tʰjɔ]（てぃょ）　토 [tʰo]（と）　　　　툐 [tʰjo]（てぃょ） 투 [tʰu]（とぅ）　　튜 [tʰju]（てぃゅ）　　트 [tʰɯ]（とぅ） 티 [tʰi]（てぃ）	
⑬ ㅍ [pʰ・-ᵖ]	初声で[pʰ]，終声では[-ᵖ]の音になります．"ㅂ"の変形です．	
	파 [pʰa]（ぱ）　　　퍄 [pʰja]（ぴゃ）　　　퍼 [pʰɔ]（ぽ） 펴 [pʰjɔ]（ぴょ）　포 [pʰo]（ぽ）　　　　표 [pʰjo]（ぴょ） 푸 [pʰu]（ぷ）　　　퓨 [pʰju]（ぴゅ）　　프 [pʰɯ]（ぷ） 피 [pʰi]（ぴ）	
⑭ ㅎ [h・-ᵗ]	これは他の激音と違って息を強く吐き出す必要はなく，日本語のハ行を発音する要領です．語頭で[h]，語中では[h]の音が非常に弱まったり消えたりします（これに関しては第8課で学びます）．終声では [-ᵗ]になります．	
	하 [ha]（ハ）　　　햐 [hja]（ヒャ）　　　허 [hɔ]（ホ） 혀 [hjɔ]（ヒョ）　호 [ho]（ホ）　　　　효 [hjo]（ヒョ） 후 [hu]（フ）　　　휴 [hju]（ヒュ）　　흐 [hɯ]（フ） 히 [hi]（ヒ）	

　第1課でも触れましたが，子音字は発音器官の形を模してつくられました．それがㄱ・ㄴ・ㅁ・ㅅ・ㅇで，すべての子音字は，この5つが基本になって出来ていると言われます．(　)内の「濃音」については，第5課で勉強します．

```
   ㄱ        ㄴ        ㅁ        ㅅ        ㅇ
   │         │         │         │         │
             ㄷ        ㅂ        ㅈ(ㅆ)
             │                    
ㅋ(ㄲ)  ㅌ(ㄸ) ㄹ   ㅍ(ㅃ)   ㅊ(ㅉ)   ㅎ
```

上の19個の子音字をその音の性質別に書き出すと次のようになります．

平音	ㄱ ㄷ ㅂ ㅅ ㅈ
鼻音	ㄴ ㅁ ㅇ
流音	ㄹ
激音	ㅋ ㅌ ㅍ ㅊ ㅎ
濃音	ㄲ ㄸ ㅃ ㅆ ㅉ

[練習 6]　子音字(激音)と母音字を組み合わせ，차 챠 처……の順に下の表を完成させましょう．
　　　　　　　　　　　　　　　　　　　　　　　　　　　　　　　　CD ▶ 10

	ㅏ	ㅑ	ㅓ	ㅕ	ㅗ	ㅛ	ㅜ	ㅠ	ㅡ	ㅣ
ㅊ	차									
ㅋ	카									
ㅌ	타									
ㅍ	파									
ㅎ	하									

[練習 7]　発音しながら3回ずつ書いてみましょう．15は辞書を引くときに必要ですから何度も発音して覚えるようにしましょう．この課と次の4課では，激音("ㅎ"を除く)に…がつけられています．
　　　　　　　　　　　　　　　　　　　　　　　　　　　　　　　　CD ▶ 11

1. 차　「茶」「車」（ちゃ）　　＿＿＿＿　＿＿＿＿　＿＿＿＿

2. 차비　「車代」（ちゃビ）　　＿＿＿＿　＿＿＿＿　＿＿＿＿

3. 보리차　「麦茶」（ポリちゃ）　＿＿＿＿　＿＿＿＿　＿＿＿＿

4. 커피　「コーヒー」（こーぴ）　＿＿＿＿　＿＿＿＿　＿＿＿＿

5. 코피　「鼻血」（こぴ）　　＿＿＿＿　＿＿＿＿　＿＿＿＿

6. 스키 「スキー」(スきー)
7. 토마토 「トマト」(とマと)
8. 토지 「土地」(とヂ)
9. 사투리 「方言」(サーとぅリ)
10. 포도 「ブドウ」(ぽド)
11. 피부 「皮膚」(ぴブ)
12. 아파요 「痛いです」(アぱヨ)
13. 효자 「孝行息子」(ヒョーヂャ)
14. 노후 「老後」(ノーフ)
15. 가나다라마바사아자차카타파하 (カナダラマバサアヂャちゃかたぱハ)

[カタカナ会話3] CD ▶ 12

— 처음 뵙겠습니다.
　 ちょウム　ペッケッスム ニ タ

— 네, 처음 뵙겠습니다.
　 ネー　ちょウム　ペッケッスム ニ タ

　初対面のときに交わすあいさつで"처음"は「初めて」，"뵙겠습니다"は「お目にかかります」．答えるときは同じように言うか，あるいは前に"네"「はい」を入れて言います．多くの場合，男性同士は右手で握手をしながらこのあいさつを交わします．そのとき，片手では失礼なので，左手を右手の手首のあたりに添えるようなかっこうをとります．

第・4・課

この課では，すでに出てきたものも含めて単語30個の読み書きを学びます．

§ 単語の発音

　今まで学んだ基本母音と基本子音を使い，この課では単語を読んでみることにしましょう．子音のところでも触れましたが，平音のうちㄱ・ㄷ・ㅂ・ㅈの4つは，語頭と語中で音が違うことに注意してください．たとえば"가가"は [kaga]（カガ）と発音し，"다다"は[tada]（タダ），"바바"は [paba]（パバ），"자자"は[tʃadʒa]（チャヂャ）となります．

　朝鮮語の単語は，基本母音と基本子音だけから成るもの以外にも，今後勉強する濃音や複合母音，それに終声のつくもの等があって，すべての文字を読みこなすにはもう少し勉強が必要です．

　下の写真は大韓民国の『東亜日報』と朝鮮民主主義人民共和国の『平壌新聞』という新聞です．読める文字がいくつかあると思います．

[練習 8]　　発音しながら3回ずつ書いてみましょう．長く発音する決まりになっている単語もありますが，あまり神経質に考えなくてよいでしょう．なお，＊印のついているものは漢字語(21頁)です．　　　　　　　　　　　　**CD ▶ 14**

1. ＊가수 「歌手」(カス) ＿＿＿＿＿ ＿＿＿＿＿ ＿＿＿＿＿

2. 그리고 「そして」(クリゴ) ＿＿＿＿＿ ＿＿＿＿＿ ＿＿＿＿＿

3. 모기 「蚊」(モーギ) ＿＿＿＿＿ ＿＿＿＿＿ ＿＿＿＿＿

4. 나라 「国」(ナラ) ＿＿＿＿＿ ＿＿＿＿＿ ＿＿＿＿＿

5. 누구 「誰」(ヌグ) ＿＿＿＿＿ ＿＿＿＿＿ ＿＿＿＿＿

6. 그러나 「しかし」(クロナ) ＿＿＿＿＿ ＿＿＿＿＿ ＿＿＿＿＿

7. ＊두부 「豆腐」(トゥブ) ＿＿＿＿＿ ＿＿＿＿＿ ＿＿＿＿＿

8. 도라지 「ききょう」(トラヂ) ＿＿＿＿＿ ＿＿＿＿＿ ＿＿＿＿＿

9. ＊수도 「水道」(スド) ＿＿＿＿＿ ＿＿＿＿＿ ＿＿＿＿＿

10. 라디오 「ラジオ」(ラディオ) ＿＿＿＿＿ ＿＿＿＿＿ ＿＿＿＿＿

11. 미리 「あらかじめ」(ミリ) ＿＿＿＿＿ ＿＿＿＿＿ ＿＿＿＿＿

12. 머리 「頭」(モリ) ＿＿＿＿＿ ＿＿＿＿＿ ＿＿＿＿＿

13. 바다 「海」(パダ) ＿＿＿＿＿ ＿＿＿＿＿ ＿＿＿＿＿

14. ＊부부 「夫婦」(ププ) ＿＿＿＿＿ ＿＿＿＿＿ ＿＿＿＿＿

15. 소나무 「松」(ソナム) ＿＿＿＿＿ ＿＿＿＿＿ ＿＿＿＿＿

16. ＊호수 「湖水＝湖」(ホス) ＿＿＿＿＿ ＿＿＿＿＿ ＿＿＿＿＿

17. 아버지 「お父さん」(アボヂ)

18. 우리 「私達」(ウリ)

19. *지하 「地下」(チハ)

20. 가자 「行こう」(カヂャ)

21. *차표 「車票＝乗車券」(ちゃぴょ)

22. 치마 「チマ(スカート)」(ちマ)

23. *기차 「汽車」(キちゃ)

24. 커피 「コーヒー」(こーぴ)

25. 노크 「(ドアの)ノック」(ノく)

26. *토지 「土地」(とヂ)

27. 노트 「ノート」(ノーとぅ)

28. 파티 「パーティー」(ぱーてぃ)

29. 허리 「腰」(ホリ)

30. *오후 「午後」(オーフ)

朝鮮語にも日本語同様「漢字語(借用語)」と「固有語」，そして「外来語」があります．漢字語の発音は日本語の漢語の音読みと似ています．

　日本語では多くの場合，漢字は読みを複数もっています．例えば「朝」という漢字は音読みでは"チョウ"，訓読みで"あさ"ですが，これは固有語(和語)を表記するのに同じ意味の漢字を借用しているからです．しかし，朝鮮語ではふつう音読みだけなので大部分の漢字は一字一音であり，すべて一音節です．しかも，その漢字語もほとんどハングルで表記します．殊に[北]では，現在漢字を用いていないと言えますし，[南]でも初等学校（小学校）では漢字教育が行なわれたり行なわれなかったりしています．

　ハングルばかりで書いても，朝鮮語には閉音節（子音で終わる音節）が豊富にあり，また分かち書きをしますから，平仮名ばかりで書かれた日本語のように読みづらく冗長になることはありません．右に「図書館で復習します」という文章を平仮名とハングルで書いてみます．「図書館」「復習」という漢字語の部分を比べると，平仮名は漢字仮名混合表記よりずっと長くなりますが，ハングルでは漢字と同じく3文字と2文字で表されているのがわかります．

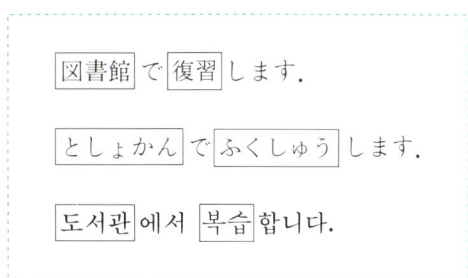

　　図書館 で 復習 します．

　　としょかん で ふくしゅう します．

　　도서관 에서 복습 합니다．

　一方，漢字語の知識は語彙を増やすうえで非常に役立ちます．도서（図書）という語を覚えたら，同じ漢字や似た音から新しい単語を導きだすことができます．

　同じ도音の漢字：都，度，道，島，導
　도を用いる単語：地図（지도），指導（지도），都市（도시）

　同じ서音の漢字：西，署，庶，叙，徐
　서を用いる単語：秘書（비서），西部（서부），庶務（서무）

[カタカナ会話4] CD ▶ 15

―일본사람이세요？
　イルボンサーラ ミ セ ヨ

―네, 그렇습니다. ／ 아닌데요.
　ネー　クロッスムニダ　　　アニンデヨ

　"일본"は「日本」，「人」は"사람"(サーラム)と言いますが「でいらっしゃいますか」にあたる"이세요"（イセヨ）を続けると上のような発音になります．全体の意味は，「日本の人(日本人)でいらっしゃいますか」．肯定するときは"네"の後に"그렇습니다"「そうです」を，否定するときは「違いますが」にあたる"아닌데요"と言えばよいでしょう．

第・5・課

　この課では，5個の子音を学びます．これで初声に使われるすべての子音をマスターすることになります．この課を終えると이따가「あとで」，뼈「骨」，짜다「塩辛い」などが読めるようになります．

§ 濃音について

　子音には，すでに学んだ14個の基本子音以外に，平音ㄱ・ㄷ・ㅂ・ㅅ・ㅈをそれぞれ二つずつ書いた「濃音」があります．これは，口をかるく開け，息を止める要領で喉をふさぎ，激音とは対照的に息を外へ出さないよう発音します．少し甲高いように聞こえるかもしれません．日本語にない発音ですから，コツをつかむまで多少時間がかかるかも知れませんが，息を外へほとんど漏らさずに大きな音が出せればだいたい合格と言えます．「ば」や「が」などの濁音を大きな声で発音すると喉が緊張しますが，この緊張を保ったままその濁音を清音のつもりで発音すると意外にうまくいくこともあります．なお，濃音は，激音と同じく，語中だからといって濁音になることはありません．

　このテキストでは，「カタカナ会話」での表記を除き，**頭に促音（ッ）を入れて濃音を表す**ことにします．発音記号はk（ㄱ），t（ㄷ），p（ㅂ），s・ʃ（ㅅ），tʃ（ㅈ）の左上に"ʔ"がつけられています．

①	②	③	④	⑤
ㄲ	ㄸ	ㅃ	ㅆ	ㅉ

① ㄲ [ʔk・-ᵏ]　これは[ʔk]の音ですが，終声にくると"ㄱ"と同様ただの[-ᵏ]になります．たとえば"까"の場合，(カ)と言うよりも(ッカ)という感じで発音するとよいでしょう．カラスの声のように息が詰まったような甲高い音です．息はほとんど外へ出ませんから，激音のところで練習したように口許に手や紙をあてがい，今度は**息が出ていないことを確認**しながら練習します．息が強く出ているようでは，濃音ではなく激音です．

까 [ʔka] (ッカ)　　꺄 [ʔkja] (ッキャ)　　꺼 [ʔkɔ] (ッコ)
껴 [ʔkjɔ] (ッキョ)　꼬 [ʔko] (ッコ)　　꾜 [ʔkjo] (ッキョ)
꾸 [ʔku] (ック)　　뀨 [ʔkju] (ッキュ)　끄 [ʔkɯ] (ック)
끼 [ʔki] (ッキ)

② ㄸ [ʔt・-ᵗ]	終声で[-ᵗ], それ以外は[ʔt]です. 따 [ʔta]（ッタ）　땨 [ʔtja]（ッティャ）　떠 [ʔtɔ]（ット） 뗘 [ʔtjɔ]（ッティョ）　또 [ʔto]（ット）　뚀 [ʔtjo]（ッティョ） 뚜 [ʔtu]（ットゥ）　뜌 [ʔtju]（ッティュ）　뜨 [ʔtɯ]（ットゥ） 띠 [ʔti]（ッティ）	
③ ㅃ [ʔp・-ᵖ]	終声で[-ᵖ], それ以外は[ʔp]です. 빠 [ʔpa]（ッパ）　뺘 [ʔpja]（ッピャ）　뻐 [ʔpɔ]（ッポ） 뼈 [ʔpjɔ]（ッピョ）　뽀 [ʔpo]（ッポ）　뾰 [ʔpjo]（ッピョ） 뿌 [ʔpu]（ップ）　쀼 [ʔpju]（ッピュ）　쁘 [ʔpɯ]（ップ） 삐 [ʔpi]（ッピ）	
④ ㅆ [ʔs・ʔʃ・-ᵗ]	終声で[-ᵗ], それ以外は[ʔs]か[ʔʃ]です. 싸 [ʔsa]（ッサ）　쌰 [ʔʃa]（ッシャ）　써 [ʔsɔ]（ッソ） 쎠 [ʔʃɔ]（ッショ）　쏘 [ʔso]（ッソ）　쑈 [ʔʃo]（ッショ） 쑤 [ʔsu]（ッス）　쓔 [ʔʃu]（ッシュ）　쓰 [ʔsɯ]（ッス） 씨 [ʔʃi]（ッシ）	
⑤ ㅉ [ʔtʃ・-ᵗ]	終声で[-ᵗ], それ以外は[ʔtʃ]です. 짜 [ʔtʃa]（ッチャ）　쨔 [ʔtʃa]（ッチャ）　쩌 [ʔtʃɔ]（ッチョ） 쪄 [ʔtʃɔ]（ッチョ）　쪼 [ʔtʃo]（ッチョ）　쬬 [ʔtʃo]（ッチョ） 쭈 [ʔtʃu]（ッチュ）　쮸 [ʔtʃu]（ッチュ）　쯔 [ʔtʃɯ]（ッチュ） 찌 [ʔtʃi]（ッチ） "ス"の場合同様, 짜と쨔, 쩌と쪄, 쪼と쬬, 쭈と쮸は同じ音です. しかし쨔, 쬬, 쮸はほとんど使われません.	

［練習 9］　　濃音と母音を組み合わせ，까꺄꺼……の順に下の表を完成させましょう．

CD ▶ 17

	ㅏ	ㅑ	ㅓ	ㅕ	ㅗ	ㅛ	ㅜ	ㅠ	ㅡ	ㅣ
ㄲ	까									
ㄸ	따									
ㅃ	빠									
ㅆ	싸									
ㅉ	짜									

［練習 10］　　発音してみましょう．この課では濃音に…がつけられています．

CD ▶ 18

1. 가카까
2. 다타따
3. 바파빠
4. 사싸
5. 자차짜
6. 고코꼬
7. 도토또
8. 보포뽀
9. 소쏘
10. 조초쪼
11. 구쿠꾸
12. 두투뚜
13. 부푸뿌
14. 수쑤
15. 주추쭈

［練習 11］　　発音しながら 3 回ずつ書いてみましょう．　　　　　CD ▶ 19

1. 까치　「カササギ」（ッカち）

2. 아까　「さっき」（アッカ）

3. 또다시　「またもや」（ットダシ）

4. 이따가　「あとで」（イッタガ）

5. 뼈　「骨」（ッピョ）

6. 아빠　「パパ」（アッパ）

7. 싸요　「安いです」（ッサヨ）

8. 비싸요　「高いです」（ピッサヨ）

9. 짜다　「塩辛い」（ッチャダ）

10. 어쩌고저쩌고　「なんだかんだと」（オッチョゴヂョッチョゴ）

［カタカナ会話 5］　CD ▶ 20

― 재일교포 분이세요？
　チェーイルギョぽ　プニセヨ

― 네, 그렇습니다. ／ 아닌데요.
　ネー　クロッスムニタ　　　アニンデヨ

　"재일"は「在日」, "교포"は「僑胞」, つまり本国の人から見た在日韓国・朝鮮人のこと．"분"は人を敬って言う「方」にあたります．"이세요"は会話の **4** にもありました．この「在日同胞の方でいらっしゃいますか」に対する答えも会話の **4** を参照してください．

第・6・課

この課では，11個の複合母音を学びます．この課を終えるとすべての母音が読めるようになります．

§ 複合母音について

第1課で学習した10個の基本母音字が，二つまたは三つ組み合わさって出来たのが「複合（合成）母音字」です．たとえば오[o]と아[a]から"와"[wa]（ワ）が出来ます．この課が終われば，開音節（子音＋母音）の文字はすべて発音できるようになります．複合母音字は下の11個です．

① ② ③ ④ ⑤ ⑥ ⑦ ⑧ ⑨ ⑩ ⑪

ㅐ ㅒ ㅔ ㅖ ㅘ ㅙ ㅚ ㅝ ㅞ ㅟ ㅢ

① 애 [ε]	아＋이→애です．日本語の（エ）の発音よりもう少し口を開け，唇を横に引き気味にしてはっきり音を出します．ㅏよりㅣをわずかに長く書きます．
② 얘 [jε]	야＋이→얘です．"애"と同じ要領で（イェ）と発音します．ㅑよりㅣの部分をわずかに長く書きます．
③ 에 [e]	어＋이→에です．日本語の（エ）の発音と同じです．したがって"애"よりは口の開きを小さめにします．これもㅣを長めに書きます．
④ 예 [je]	여＋이→예です．"에"と同じ要領で（イェ）と発音します．ㅣの方を長く書きます．**子音につくと[ㅔ]の発音**になります．
⑤ 와 [wa]	오＋아 → 와で，日本語の（ワ）と同じです．
⑥ 왜 [wε]	오＋아＋이 → 왜です．まず唇を突き出して，次に横に引きながら（ウェ）と発音します．口は"애"の大きさまで開けます．

⑦ 외 [we] [ø]		오+이 → 외です. 本来は[ø]の音で, 唇を軽く突き出したままで(ウェ)と発音する要領ですが, 多くの人は単に[we](ウェ)と発音します.
⑧ 워 [wɔ]		우+어→워で, (ウォ)と発音します.
⑨ 웨 [we]		우+어+이→웨で, (ウェ)と発音します.
⑩ 위 [wi]		우+이 → 위です. まず唇を突き出して, 次に横に引きながら一気に(ウィ)と発音します.
⑪ 의 [ɯi]		으+이 → 의です. 口を軽く開けたままで, その形を変えずに"으"と"이"を同時に発音します. (ウ・イ)にならず一気に(ウイ)と発音します. 唇を動かさずに口の中で"위"(ウィ)と発音する要領です. ただし**語中では[이]の音**になります. また, 助詞"의"「の」の場合は[에]とも発音されます.

[付記]　韓国の若年層を中心に[ɛ]の音を[e]と発音する人が増えています. ①は[e], ②は[je]です. また, ⑥⑦は⑨と同じく[we]と発音する人が少なくありません.

　"ㅖ"の発音は, [南]では"ㄹ", [北]では"ㄱ" "ㄹ" "ㅎ"以外の子音についたときはすべて"ㅔ"になると説明されています. この点も実際に話されているものとはずれがあるようです.

[練習 12]　発音しながら 애 얘 에 예 ……の順に 5 回ずつ書いてみましょう.　**CD ▶ 22**

	애	얘	에	예	와	왜	외	워	웨	위	의
1.	애	얘	에	예	와	왜	외	워	웨	위	의
2.											
3.											
4.											
5.											

§ 単語の発音

　では，複合母音の入った単語の発音練習に入りましょう．たとえば "ㄱ" と "ㅐ" が組み合わさると "개"「犬」[kɛ]（ケ）になります．"ㅈ" と "ㅔ" なら "제" [tʃe]（チェ）ですが，語中では [dʒe]（ヂェ）ですから，"어제"「昨日」は [ɔdʒe]（オヂェ）です．また，"계기"「契機」はつづりでは [kje:gi]（キェーギ）ですが，実際は [ke:gi]（ケーギ）と発音されます．"시계"「時計」も [ʃigje]（シギェ）ではなく [ʃige]（シゲ）です（p. 26の④参照）．また "과시"「誇示」は [kwa:ʃi]（クヮーシ），"사과"「りんご」は [sagwa]（サグヮ）です．"뇌"「脳」は [nwe]（ヌェ），"궤도"「軌道」は [kwe:do]（クェード）．"뒤"「後ろ」は [twi]（トゥィ），"쉬다"「休む」は [ʃwi:da]（シュィーダ）です．"의사"「医師」は [ɯisa]（ウイサ）ですが，"무늬"「模様」は，"늬" の "ㅢ" [ɯi]（ウイ）が [i]（イ）になって，[muni]（ムニ）と発音されます（p. 27の⑪参照）．

[練習 13]　　発音しながら3回ずつ書いてみましょう．(　　)内のカタカナに頼らないで音を出すように心がけましょう．

CD ▶ 23

1. 매미　「蟬」（メーミ）

2. 때때로　「時々」（ッテッテロ）

3. 요새　「近頃」（ヨセ）

4. 얘기　「話」（イェーギ）

5. 메뉴　「メニュー」（メニュ）

6. 주세요　「ください」（チュセヨ）

7. 쓰레기　「ごみ」（ッスレギ）

8. 시계　「時計」（シゲ）

9. 과거　「過去」（クヮーゴ）

10. 매화　「梅」（メファ）

11. 돼지 「豚」(トゥェーヂ)　_____　_____　_____

12. 왜 「なぜ」(ウェー)　_____　_____　_____

13. 회사 「会社」(フェーサ)　_____　_____　_____

14. 해외 「海外」(ヘーウェ)　_____　_____　_____

15. 더워요 「暑いです」(トウォヨ)_____　_____　_____

16. 추워요 「寒いです」(チュウォヨ)_____　_____　_____

17. 스웨터 「セーター」(スウェと)_____　_____　_____

18. 가위 「はさみ」(カウィ)　_____　_____　_____

19. 의자 「椅子」(ウイヂャ)　_____　_____　_____

20. 예의 「礼儀」(イェイ)　_____　_____　_____

[カタカナ会話6] CD ▶ 24

─ 안녕히 가십시오. ／ 안녕히 가세요.
　　アンニョンイ　カンシプショ　　　アンニョンイ　カセヨ

─ 안녕히 계십시오. ／ 안녕히 계세요.
　　アンニョンイ　ケーシプショ　　　アンニョンイ　ケーセヨ

　別れるときのあいさつです．文字どおり訳すと上は「安寧にお行きください」，下は「安寧にいらしてください」，つまり上は，見送る人が立ち去る人に対して言う「さようなら」．帰る客に対して家の者が言うときなどに使います．路上や出先で言う場合はお互いにこれを使います．逆に立ち去る人が見送る人に言うときなどは下を使います．右の"세요"のほうは，よりインフォーマルな言い方です．手紙の末尾には下を書きます．

第・7・課

この課では，終声(パッチム)を学びます．この課を終えると一音節ずつならばハングルのいかなる文字も読めるようになります．

§ 終声について

いよいよ子音(初声)＋母音(中声)＋子音(終声)の閉音節の発音を学習します．終声は一般に「パッチム」(받침)と呼ばれます．

パッチムの音は 7 種類です．子音字の多くはパッチムに使われますが，発音が同じになるものもあるので，実際には発音は 7 種しかありません．また，中には二つの子音字から成るパッチムもありますが，発音されるのは一方だけです(ㄺ・ㄼ は条件に応じて二通りの読み方をします)．

①	ㄱ 類	► ㄱ・ㅋ・ㄲ・ㄳ・ㄺ	[-ᵏ]
②	ㄴ 類	► ㄴ・ㄵ・ㄶ	[-n]
③	ㄷ 類	► ㄷ・ㅅ・ㅈ・ㅊ・ㅌ・ㅎ・ㅆ	[-ᵗ]
④	ㄹ 類	► ㄹ・ㄼ・ㄽ・ㄾ・ㅀ	[-l]
⑤	ㅁ 類	► ㅁ・ㄻ	[-m]
⑥	ㅂ 類	► ㅂ・ㅍ・ㅄ・ㄼ・ㄿ	[-ᵖ]
⑦	ㅇ 類	► ㅇ	[-ŋ]

① ㄱ 類 [-ᵏ]	"가"にパッチム"ㄱ"がつくと"각"[kaᵏ]になり，発音は(カック)の(ク)を言いかけて，音が出てしまう前に止めた時の音です．音を出し終えたときに舌の根の方が喉をふさぐ形になり，口は開いたままです．"소"につくと"속"で，舌の位置は"각"と変わりませんが唇が突き出ます．日本語の「そっくり」の「くり」を除いた発音に近いものです．"바"につけば"박"で，日本語の「ぱっくり」の「くり」を除いた音に近くなります．"밖""밝"とも，同じ[paᵏ]です．
② ㄴ 類 [-n]	"가"にパッチム"ㄴ"がつくと"간"[kan](カン)になります．発音し終わったとき，舌先が上の歯茎についていなければなりません．"사"につけば"산"[san](サン)，"따"なら"딴"[?tan](ッタン)です．口は軽く開いたままで息が少し鼻に抜けます．

③	ㄷ 類[-ᵗ]	"가"につけば"갇"[kaᵗ]（カッ）．「かった」の「た」を発音する直前の音です．舌先は"ㄴ"と同じ位置で，口は軽く開いたままです．"갓""갔""같"等，いずれも同じ発音．最後に息を止めるようにするとうまくいきます．
④	ㄹ 類[-l]	これは日本語にない音です．"갈""날""달"という具合になり，音は[kal]（カル），[nal]（ナル），[tal]（タル）です．舌先を上あごの少し奥の方にもっていく要領で，発音し終わっても舌先が上に軽くついたままです．発音記号は[l]とありますが，[l]よりは[l]と[r]の中間のような音になります．[karɯ]（カル），[narɯ]（ナル），[tarɯ]（タル）のように後に母音が入ってしまわないよう気をつけましょう．
⑤	ㅁ 類[-m]	"감""남""담"は，順に[kam]（カム），[nam]（ナム），[tam]（タム）です．最後に必ず口を閉じます．（カム）（ナム）（タム）ではなく，ハミングするように口を結んで（ム）となる要領です．"암"なら日本語の「あんま」から「ま」を除いた音です．"ㄴ"と同様，息がすこし鼻に抜けます．
⑥	ㅂ 類[-ᵖ]	"갑""납""답"，音は「カップ」の「プ」を除いた口の形で[kaᵖ]（カプ），「ナッパ」の「パ」を除いて[naᵖ]（ナプ），「タッパ」の「パ」を除き[taᵖ]（タプ）となり，最後は口を閉じます．"집"や"잎"なら「きっぷ」の「ぷ」の音を出す直前で止めたものと思えばよいのです．
⑦	ㅇ 類[-ŋ]	"강""낭""당"と書き，発音は[kaŋ]（カング），[naŋ]（ナング），[taŋ]（タング）ですが，（グ）の音を出さないよう注意しましょう．舌先は上の歯茎につけず，また，発音し終わったとき口は開いたままです．"망"の場合，「まんが」の「が」を除いた音になります．ㄴ・ㅁ同様，息が少し鼻に抜けます．

§ 子音字の呼称

　各子音字にはそれぞれ呼び名があります．たとえば"ㄱ"は"기역"[kijɔᵏ]（キヨㄱ）と呼ばれ，この文字の初声での音[k]と終声での音[-ᵏ]を指します．終声を「パッチㅁ」（받침）と言いますから，終声"ㄱ"は"기역받침"（キヨㄱパッチㅁ）です．初声"ㄴ"は"니은"[niɯn]（ニウン），終声は"니은받침"（ニウンパッチㅁ）となり，以下同様に"히읗"まで続きます．濃音には呼称の前に"쌍(雙)"[ˀsaŋ]（ッサンㄱ）をつけます．なお，［南］［北］では呼び名に若干の違いがあります．［北］では各子音字に"ー"をつけただけのユ・ヌ・ドゥ・ル・ム……という呼称も使われています．

[練習 14]　　　発音してみましょう.　　　　　　　　　　　　　　　　CD ▶ 26

1. ㄱ [南] 기역 [kijɔᵏ]（キヨㇰ）　　　　2. ㄴ　니은 [niɯn]（ニウン）
　　　[北] 기윽 [kiɯᵏ]（キウㇰ）

3. ㄷ [南] 디귿 [tigɯᵗ]（ティグッ）　　　4. ㄹ　리을 [riɯl]（リウㇽ）
　　　[北] 디읃 [tiɯᵗ]（ティウッ）

5. ㅁ　　 미음 [miɯm]（ミウㇺ）　　　　6. ㅂ　비읍 [piɯᵖ]（ピウㇷ゚）

7. ㅅ [南] 시옷 [ʃioᵗ]（シオッ）　　　　8. ㅇ　이응 [iɯŋ]（イウンㇰ）
　　　[北] 시읏 [ʃiɯᵗ]（シウッ）

9. ㅈ　　 지읒 [tʃiɯᵗ]（チウッ）　　　 10. ㅊ　치읓 [tʃʰiɯᵗ]（ちウッ）

11. ㅋ　　 키읔 [kʰiɯᵏ]（きウㇰ）　　　 12. ㅌ　티읕 [tʰiɯᵗ]（てぃウッ）

13. ㅍ　　 피읖 [pʰiɯᵖ]（ぴウㇷ゚）　　　14. ㅎ　히읗 [hiɯᵗ]（ヒウッ）

15. ㄲ [南] 쌍기역 [ʔsaŋgijɔᵏ]（ッサンギヨㇰ）　16. ㄸ [南] 쌍디귿 [ʔsaŋdigɯᵗ]（ッサンヂグッ）
　　　[北] 된기윽 [twengiɯᵏ]（トゥェンギウㇰ）　　　[北] 된디읃 [twendiɯᵗ]（トゥェンディウッ）

17. ㅃ [南] 쌍비읍 [ʔsaŋbiɯᵖ]（ッサンビウㇷ゚）　18. ㅆ [南] 쌍시옷 [ʔsaŋʃioᵗ]（ッサンシオッ）
　　　[北] 된비읍 [twenbiɯᵖ]（トゥェンビウㇷ゚）　　　[北] 된시읏 [wenʃiɯᵗ]（トゥェンシウッ）

19. ㅉ [南] 쌍지읒 [ʔsaŋdʒiɯᵗ]（ッサンヂウッ）
　　　[北] 된지읒 [twendʒiɯᵗ]（トゥェンヂウッ）

[練習 15]　　　発音してみましょう．2～16は 4 回ずつ書いてみましょう．　　CD ▶ 27

1. 각（カㇰ）　간（カン）　갇（カッ）　갈（カㇽ）　감（カㇺ）　갑（カㇷ゚）　강（カンㇰ）

2. 책　「本」　＿＿＿＿　＿＿＿＿　＿＿＿＿　＿＿＿＿

3. 한국　「韓国」　＿＿＿＿　＿＿＿＿　＿＿＿＿　＿＿＿＿

4. 조선　「朝鮮」　＿＿＿＿　＿＿＿＿　＿＿＿＿　＿＿＿＿

5. 된소리　「濃音」　＿＿＿＿　＿＿＿＿　＿＿＿＿　＿＿＿＿

6. 옷　「服」　＿＿＿＿　＿＿＿＿　＿＿＿＿　＿＿＿＿

7. 벚꽃 「桜」

8. 물 「水」

9. 일본 「日本」

10. 김치 「キムチ」

11. 마음 「心」

12. 밥 「飯」

13. 지갑 「財布」

14. 빵 「パン」

15. 학생 「学生」

16. 선생님 「先生（様）」

[カタカナ会話7] CD ▶ 28

— 맵죠？
　　メッチョ

— 네, 좀 매운데요. ／ 아뇨, 안 매운데요.
　　ネー　チョム　メウンデヨ　　　　アニョ　アン　メウンデヨ

　上は「辛いでしょ？」。下の左は「ええ、ちょっと辛いですね」。右は「いいえ、辛くありませんよ」。日本育ちの人は皆辛いものは苦手と思われているようで、朝鮮料理を御馳走になるとき、必ずと言っていいほど聞かれます。

第・8・課

この課では，表記どおりに発音されないケースのいくつかを学びます．

§ 連音について

あたかも発音記号が並んでいるかのような朝鮮語ですが，実は書かれた文字がいつもそのまま発音されるとは限りません．そのままでは発音しにくいものを発音しやすくするために，音の変化が起こることがあります．

たとえば，前課で学んだ**終声(받침)の次に初声の"ㅇ"がくるとこの"ㅇ"に終声が移って次の母音と結合**し，はっきりした開音節になります．これをここでは「**連音**」と呼ぶことにします．「**連音**」は，原則としてそれぞれの分かち書きの範囲内で起こりますが，**一息に発音するときはしばしばその範囲を越えます**．

では例を挙げてみましょう．"각오"「覚悟」の場合，[kaᵏo]（カク・オ）ではなく，"ㄱ"が"ㅇ"に移って[kago]（カゴ）になります．発音どおり表記すると[가고]です．

発音
각오　［가고］

同様に"높이"「高さ」は[noᵖi]（ノプ・イ）ではなく，終声の"ㅍ"が次の"ㅇ"に移って[nopʰi]，つまり[노피]と同じ音になります．"얼음"「氷」なら実際の音は[어름]です．

また，終声が二つの子音から成る場合は，ほとんどの場合，右側の子音が次の"ㅇ"に移動します．"앉아서"「座って」は，発音どおり表記すると[안자서]，"넓어서"「広くて」ならば[널버서]になります．

発音
앉아서　［안자서］

넓어서　［널버서］

[練習 16]　日本語の「が」にあたる助詞"이"を使った連音の練習です．[　]内は発音どおりの表記です．

CD ▶ 30

1. 목이　［모기］「首が」　　2. 돈이　［도니］「お金が」

3. 길이　［기리］「道が」　　4. 몸이　［모미］「体が」

5. 집이　［지비］「家が」　　6. 옷이　［오시］「服が」

郵 便 は が き

おそれいりますが切手をおはりください。

101-0052

東京都千代田区神田小川町3-24

白　水　社　行

購読申込書

■ご注文の書籍はご指定の書店にお届けします．なお，直送を
ご希望の場合は冊数に関係なく送料300円をご負担願います．

書　　　　名	本体価格	部　数

★価格は税抜きです

(ふりがな)
お　名　前　　　　　　　　　　　　　　(Tel.　　　　　　　　　　)

ご　住　所　（〒　　　　　　　）

ご指定書店名（必ずご記入ください）	取次	(この欄は小社で記入いたします)
Tel.		

『書いて覚える初級朝鮮語(CD付・改訂版)』について (581)

■その他小社出版物についてのご意見・ご感想もお書きください。

■あなたのコメントを広告やホームページ等で紹介してもよろしいですか？
　1. はい (お名前は掲載しません。紹介させていただいた方には粗品を進呈します)　2. いいえ

ご住所	〒　　　　　　　　　　　　　電話（　　　　　　　　　　　　）
(ふりがな) お名前	（　　歳） 1.　男　2.　女
ご職業または 学校名	お求めの 書店名

■この本を何でお知りになりましたか？
1. 新聞広告（朝日・毎日・読売・日経・他〈　　　　　　　　　〉）
2. 雑誌広告（雑誌名　　　　　　　　　　　）
3. 書評（新聞または雑誌名　　　　　　　　　　　）　4.《白水社の本棚》を見て
5. 店頭で見て　6. 白水社のホームページを見て　7. その他（　　　　　　　　　）

■お買い求めの動機は？
1. 著者・翻訳者に関心があるので　2. タイトルに引かれて　3. 帯の文章を読んで
4. 広告を見て　5. 装丁が良かったので　6. その他（　　　　　　　　　）

■出版案内ご入用の方はご希望のものに印をおつけください。
1. 白水社ブックカタログ　2. 新書カタログ　3. 辞典・語学書カタログ
4. パブリッシャーズ・レビュー《白水社の本棚》(新刊案内／1・4・7・10月刊)

※ご記入いただいた個人情報は、ご希望のあった目録などの送付、また今後の本作りの参考にさせていただく以外の目的で使用することはありません。なお書店を指定して書籍を注文された場合は、お名前・ご住所・お電話番号をご指定書店にご連絡させていただきます。

7. 강이「川が」/ 방이「部屋が」/ 종이「鐘が」/ 시장이「市場が」
   ☆ いずれも鼻濁音になります．例えば"강이"[kaŋi]は（カンイ）ではなく（カギ）に近いもので（ギ）が鼻濁音です．

8. 밭이 [바치]「畑が」　☆ これは[patʰi]（パてぃ）とはならず[patʃʰi]（パち）です．

《口蓋音化》

終声のㅌとㄷは이をともなうとそれぞれ[치]と[지]という音に変わります．これを「口蓋音化」と呼びます．

ㅌ + 이 → [치]　　[例] 같이「一緒に」→ [가치]
　　　　　　　　　　붙이다「付ける」→ [부치다]
ㄷ + 이 → [지]　　　　굳이「強いて」→ [구지]
　　　　　　　　　　미닫이「引き戸」→ [미다지]

9. 잎이 [이피]「葉が」

§ 平音の濃音化

平音ㄱ・ㄷ・ㅂ・ㅅ・ㅈは，終声のㄱ類(⁻ᵏ)・ㄷ類(⁻ᵗ)・ㅂ類(⁻ᵖ)の次にくると，それぞれ濃音化します．つまり，「語中」であっても濁音にならないわけです．たとえば"학교"「学校」は[hakgjo]（ハクギョ）ではなく[haᵏkjo]（ハクッキョ）になります．これは，日本語で促音の次の音が濁音になりにくいのと同じ理屈です．

[練習17]　発音してみましょう．[　]内は発音どおりの表記です．　CD ▶ 31

1. 악기「楽器」[악끼]　　2. 어렵다「難しい」[어렵따]
3. 국밥「クッパ」[국빱]　　4. 택시「タクシー」[택씨]

これら平音はまた，有声音(ㄴ・ㄹ・ㅁ・ㅇ)の次でも濃音化することがあります．
まず漢字語の場合，終声"ㄹ"の次の"ㄷ""ㅅ""ㅈ"は，"발생"「発生」[발쌩]や"발전"「発展」[발쩐]などのように濃音化します．また，"길가"「道端」[길까]，"밤비"「夜の雨」[밤삐] などの合成語でも濃音化します．

§ ㅎ(ヒウッ)について

[A]　有声音(ㄴ・ㄹ・ㅁ・ㅇ)の次に"ㅎ"がくると，この"ㅎ"は音が非常に弱まるか，ほとんど発音されなくなります．たとえば"만화"「マンガ」ですが，これは「マーン・ファ」よりは[マーヌヮ]に近く，発音どおりに書けば[마놔]に近いものです．

［B］　終声"ㅎ"の次に母音がくると，この"ㅎ"はふつう発音されなくなります．たとえば「良い」の連体形"좋은"は [tʃoːhɯn]（チョーフン）ではなく [tʃoːɯn]（チョーウン）です．

［C］　次のような場合は，"ㅎ"が直前の平音の激音に変わります．
ㄱ類(-ᵏ)+ㅎ → ㅋ　　［例］착하다　「善良だ」　［차카다］
ㄷ類(-ᵗ)+ㅎ → ㅌ　　　　　깨끗하다「清潔だ」　［깨끄타다］
　　　　　　 → ㅊ　　　　　맞히다　「言い当てる」　［마치다］
ㅂ類(-ᵖ)+ㅎ → ㅍ　　　　　곱하기　「掛け算」　［고파기］

［D］　"ㅎ"の次に ㄱ・ㄷ・ㅅ がくると，これらの平音はそれぞれ激音に変わります．たとえば"낳다"「生む」の場合，これは [natᵗta]［낟따］（ナッタ）ではなく [natʰa]［나타］（ナッタ）という発音に変わります．

［練習 18］　　　発音してみましょう．　　　　　　　　　　　　　　　CD ▶ 32

［A］　1. 전화「電話」［저놔に近い］　　　2. 철학「哲学」［처락に近い］

　　　3. 연휴「連休」［여뉴に近い］　　　4. 생활「生活」［생왈に近い］

［B］　5. 좋아하다「好きだ」［조아하다に近い］

　　　6. 싫어하다「嫌いだ」［시러하다に近い］

［C］　7. 축하「祝賀」［추카］　　　　　　8. 따뜻하다「暖かい」［따뜨타다］

　　　9. 입학「入学」［이팍］

　　　10. 잊혀지다「忘れられる」［이처지다］

［D］　11. 놓다「置く」［노타］　　　　　12. 많다「多い」［만타］

［練習 19］　　　発音しながら4回ずつ書いてみましょう．1～3が「連音」，4～6が「平音の濃音化」，7・8が上の［A］，9・10が［B］，11～13が［C］，14・15が［D］の練習です（発音のカタカナ表記がp.104の「解答」にあります）．　CD ▶ 33

1. 발음「発音」　　＿＿＿＿　＿＿＿＿　＿＿＿＿　＿＿＿＿

2. 조선어「朝鮮語」　＿＿＿＿　＿＿＿＿　＿＿＿＿　＿＿＿＿

3. 한국어「韓国語」　＿＿＿＿　＿＿＿＿　＿＿＿＿　＿＿＿＿

4. 대학교「大学(校)」　＿＿＿＿　＿＿＿＿　＿＿＿＿　＿＿＿＿

5. 떡국 「トック(雑煮)」
6. 먹자 「食べよう」
7. 문학 「文学」
8. 천천히 「ゆっくり」
9. 좋아요 「いいです」
10. 싫어요 「いやです」
11. 똑똑해요 「利口です」
12. 비슷해요 「似ています」
13. 복잡해요 「複雑です」
14. 좋다 「良い」
15. 싫다 「いやだ」

[カタカナ会話8] CD ▶ 34

―미안합니다. ／ 죄송합니다.
　ミアナムニダ　　　　チュェソンハムニダ

―아뇨.
　アニョ

　いずれも謝罪の言葉です．左は「すみません」あるいは「ごめんなさい」ですが，日本語と違い，人を呼び止めるときには使いません．自分が悪いと思ったときだけ口にするようにしましょう．右は「申し訳ありません」で，"미안합니다"より少し改まった感じになります．"아뇨"は「いいえ」．

第・9・課

この課では，前課に引き続き表記どおりに発音されないケースと，日本語のハングル表記を学びます．発音に関することはこの課ですべて終わりです．

§ 鼻音化について

終声のうちㄱ類(⁻ᵏ)・ㄷ類(⁻ᵗ)・ㅂ類(⁻ᵖ)の次にㄴ・ㄹ・ㅁがくると，ㄱ類・ㄷ類・ㅂ類がそれぞれㅇ・ㄴ・ㅁの鼻音に変わります．これを「鼻音化」と言います．つまり無声音に有声音がつくとその無声音が有声音になるわけです．実際に発音してみると，ㄱ→ㅇ，ㄷ→ㄴ，ㅂ→ㅁ，という具合に変わっても，口の構えや舌の位置には変化がないことに気づくでしょう．

[練習 20]　例を発音してみましょう．　CD ▶ 36　　[例]　　　　　　　　[発音]

1. ㄱ＋ㄴ ⇨ ㅇ＋ㄴ　　　　　　　　작년　「昨年」　[장년]

2. ㄱ＋ㄹ ⇨ (ㅇ＋ㄹ) ⇨ ㅇ＋ㄴ　　독립　「独立」　[동닙]
　　　　☆p.39の11番参照

3. ㄱ＋ㅁ ⇨ ㅇ＋ㅁ　　　　　　　　한국말　「韓国語」　[한궁말]

4. ㄷ＋ㄴ ⇨ ㄴ＋ㄴ　　　　　　　　믿는다　「信じる」　[민는다]

5. ㄷ＋ㄹ ⇨ (ㄷ＋ㄴ) ⇨ ㄴ＋ㄴ　　몇 리　「何里」　[면니]

6. ㄷ＋ㅁ ⇨ ㄴ＋ㅁ　　　　　　　　낱말　「単語」　[난말]

7. ㅂ＋ㄴ ⇨ ㅁ＋ㄴ　　　　　　　　입니다　「です」　[임니다]

8. ㅂ＋ㄹ ⇨ (ㅁ＋ㄹ) ⇨ ㅁ＋ㄴ　　합리적　「合理的」　[함니적]
　　　　☆p.39の10番参照

9. ㅂ＋ㅁ ⇨ ㅁ＋ㅁ　　　　　　　　십만　「十万」　[심만]

さらに，2や8の後半部分のように，鼻音ㅁ・ㅇの次に"ㄹ"がくると，このㄹが"ㄴ"になります．

10. ㅁ＋ㄹ ➡ ㅁ＋ㄴ　　　　　심리　「心理」　[심니]

11. ㅇ＋ㄹ ➡ ㅇ＋ㄴ　　　　　승리　「勝利」　[승니]

　　[北]では"ㄹ"はそのまま発音されるのが原則です．したがって2，5，8はそれぞれㅇ＋ㄹ，ㄴ＋ㄹ，ㅁ＋ㄹになり，10，11の場合は何ら変化がありません．

§ 流音化について

　　"ㄴ"の次に"ㄹ"がくるとその"ㄴ"が"ㄹ"になり，逆に"ㄹ"の次に"ㄴ"がきてもその"ㄴ"が"ㄹ"になります．これを「流音化」と言います．

　　　　　　　　　　　　　　　　　　　　　[例]　　　　[発音]

12. ㄴ＋ㄹ ➡ ㄹ＋ㄹ　　　　　신라　「新羅」　[실라]

　　同じㄴ＋ㄹでも，その"ㄹ"が漢字語の接尾辞である場合は，ㄴ＋ㄹ→ㄴ＋ㄴになります．생산력[생산녁]「生産力」，생산량[생산냥]「生産量」などです．[北]では"ㄹ"のままで発音します．

13. ㄹ＋ㄴ ➡ ㄹ＋ㄹ　　　　　설날　「元旦」　[설랄]

§ 日本語のハングル表記

　　もう　だいたい　　単語の　　読み書きは　　　できるようになったと　　　思い
　　모　다이타이　단고노　요미카키와　데키루요니낫타토　오모이

ます．　意味までは　　わからなくても　　　　ハングルを　　見れば　　どうにか
마스．이미마데와　와카라나쿠테모　「한글」오　미레바　도니카

音だけは　　　　出せるというくらいに　　　　　なれば　　良いでしょう．　では，
오토다케와　다세루토이우쿠라이니　나레바　요이데쇼．데와，

ハングルを　　使って　　日本語を　　　表記してみましょう．
「한글」오　쓰캇테　니혼고오　효키시테미마쇼．

日本語のハングル表記の原則

ア・イ・ウ・エ・オ	ㅏ・ㅣ・ㅜ・ㅔ・ㅗ
ス/ツ/ズ・ヅ	스 / [南]쓰・[北]쯔 / 즈
ザ・ジ・ズ・ゼ・ゾ	자・지・즈・제・조
ヤ・ユ・ヨ	ㅑ・ㅠ・ㅛ
語中の清音	[南]激音・[北]濃音 [例]「わたしは，タカハシです」→ 와타[따]시와 다카[까]하시데스.
語頭の濁音	平音表記(朝鮮語は語頭は濁音にならないため) [例]「どこ」→ 도코[꼬] /「だれ」→ 다레
長 音 母 音	表記しない [例]「東京」→ 도쿄[꾜]
促　　　音	[南]ㅅ・[北]ㄱ(カ・ガ行の前)　ㅅ(サ・タ行の前)　ㅂ(パ行の前) [例]「札幌」→ [南]삿포로・[北]삽뽀로
ン	[南]ㄴ・[北]ㅇ(カ・ガ行の前)　ㅁ(バ・パ・マ行の前)　ㄴ(その他)

[付記]　実際には個人差もあり，必ずしも上のとおりに書かれるとは限りません．したがって[南][北]の違いもそれほど意識する必要はないでしょう．

[**練 習 21**]　今度は自分の名前をハングルで書いてみましょう．また2〜4をハングルに，5は平仮名にそれぞれ変えてみましょう．

1．（自分の名前）

2．がいこくご

3．だるまさんが　ころんだ．

4．これは　とっても　むずかしい．

5. 이마마데 하쓰온노 벤쿄바카리 얏테키마시타. 마다 간젠니와 요메나쿠테모 고노 모지노 가타치니와 다이부 나레테키타토오모이마스. 마루야 산카쿠구라이니시카 미에나캇타「한글」가 단단토 이미오 모쓰 이키타모지토시테 미에루요니 낫타노데와나이데쇼카. 사테 쓰기노 가데와 지쇼노 히키카타오 마나비마스. 지쇼오 쓰카이코나스노와 야사시이코토데와 아리마센가 지쇼니와 이로이로나 조호가 다쿠산 하잇테이마스카라 오이니 가쓰요시테쿠다사이. 히쓰요나토키다케 히쿠노데와나쿠 도키도키 지쇼오 짓쿠리 욘데미루코토오 스스메마스. 다이줏카가 오왓타라 이요이요 가이와노 벤쿄니 하이리마스. 셋카쿠 고코마데 마난데키타노데스카라 히키쓰즈키 다노시미나가라 간밧테쿠다사이.

[カタカナ会話9] CD ▶ 37

— 자, 많이 드세요.
　チャー　マーニ　トゥセヨ

— 잘 먹겠습니다. / 잘 먹었습니다.
　チャール　モッケッスムニダ　　チャール　モゴッスムニダ

　上は，食事の接待をする側が言う言葉で「さあ，たくさんお召し上がりください」です．下の左は，文字どおり訳すと「よく食べます」，つまり「いただきます」．これは御馳走になるときに相手に向かって言うお礼の言葉ですから，割り勘のときやどちらが払うか決まっていないときに言うと"ずうずうしい奴"になりかねないので要注意．右は「よく食べました」つまり「御馳走さまでした」．これも感謝の言葉です．ちなみに，食事のあいさつとしての日本語の「いただきます」に相当する言葉はありません．食事は目上の人より先に食べ始めてはいけません．また，西洋料理とおなじように，食器を手に持って食べないのが礼儀とされています．スープ類を飲むときはスプーンを，ごはんは，箸とスプーンのいずれを使ってもかまいません．

第・10・課

この課では，辞書の引き方を学びます．この課を終えてもまだ文章は訳せませんが，活用のない名詞・副詞・助詞などの意味は調べられるようになります．

§ 辞書の引き方

辞書を引くときには第3課で覚えた가나다라…，第1課で覚えた아야어여…が役に立ちます．가나다라…は五十音ならさしずめ「あかさたな…」の「行」にあたり，아야어여…は「あいうえお」の「段」にあたります．「ね(値)」という語の意味を引くときは，「な行」をさがし，次に「え段」をさがしますが，同様に，たとえば"값"という単語を引いてみましょう．

값　　ㄱ→初声
　　　ㅏ→中声
　　　ㅄ→終声

まず，初声（ㄱ）でさがします．初声である子音の順序は辞書により多少異なりますが，だいたい次のとおりです．

[南] ㄱ ㄲ ㄴ ㄷ ㄸ ㄹ ㅁ ㅂ ㅃ ㅅ ㅆ ㅇ ㅈ ㅉ ㅊ ㅋ ㅌ ㅍ ㅎ

[北] ㄱ ㄴ ㄷ ㄹ ㅁ ㅂ ㅅ ㅈ ㅊ ㅋ ㅌ ㅍ ㅎ ㄲ ㄸ ㅃ ㅆ ㅉ ㅇ

次に中声（ㅏ）でさがします．中声である母音の順序は下のとおりです．

[南]					[北]				
① ㅏ	② ㅐ				① ㅏ	⑪ ㅐ			
③ ㅑ	④ ㅒ				② ㅑ	⑫ ㅒ			
⑤ ㅓ	⑥ ㅔ				③ ㅓ	⑬ ㅔ			
⑦ ㅕ	⑧ ㅖ				④ ㅕ	⑭ ㅖ			
⑨ ㅗ	⑩ ㅘ	⑪ ㅙ	⑫ ㅚ		⑤ ㅗ	⑮ ㅚ	⑱ ㅘ	⑳ ㅙ	
⑬ ㅛ					⑥ ㅛ				
⑭ ㅜ	⑮ ㅝ	⑯ ㅞ	⑰ ㅟ		⑦ ㅜ	⑯ ㅟ	⑲ ㅝ	㉑ ㅞ	
⑱ ㅠ					⑧ ㅠ				
⑲ ㅡ	⑳ ㅢ				⑨ ㅡ	⑰ ㅢ			
㉑ ㅣ					⑩ ㅣ				

最後に終声（ㅄ）でさがします．終声の順序は次のとおりです．

[南] ㄱㄲㄳㄴㄵㄶㄷㄹㄺㄻㄼㄽㄾㄿㅀ
　　 ㅁㅂㅄㅅㅆㅇㅈㅊㅋㅌㅍㅎ

[北] ㄱㄳㄴㄵㄶㄷㄹㄺㄻㄼㄽㄾㄿㅀㅁ
　　 ㅂㅄㅅㅇㅈㅊㅋㅌㅍㅎㄲㅆ

"값"の意味は「値段」です．

複雑なようですが，実際に辞書を手にして単語を引いてみると思いのほか早く慣れるものです．下は[南]方式のㄱの部分を書き出したものです．順序の規則性が分かるでしょう．

가 각 간 갇 갈 갉 감 갑 값 갓 갔 강 갖 같 갚

개 객 갤 갬 갭 … …

갸 갹 걀 걔 … …

[練習 22]　　意味をしらべ，発音しながら 3 回ずつ書いてみましょう．　　CD ▶ 39

▶ 簡単に引ける単語

1. 어디　「　　」　_____　_____　_____

2. 소나기「　　」　_____　_____　_____

3. 허수아비「　　　」　_____　_____　_____

▶ 複合母音のある単語

4. 배「　　」「　　」「　　」　_____　_____　_____

5. 노래　「　　」　_____　_____　_____

6. 회화「　　」「　　」　_____　_____　_____

▶ パッチムのある単語

7. 돈　　「　　」　_____　_____　_____

8. 집　　「　　」　_____　_____　_____

9. 책　　「　　」　_____　_____　_____

10. 사전　「　　」　_____　_____　_____

11. 과일　「　　」　_____　_____　_____

12. 건배　「　　」　_____　_____　_____

13. 계산　「　　」　_____　_____　_____

14. 출석　「　　」　_____　_____　_____

15. 결석　「　　」　_____　_____　_____

16. 지각　「　　」　_____　_____　_____

17. 방학　「　　」　_____　_____　_____

18. 멋쟁이「　　　」　_____　_____　_____

19. 반말　「　　　」　_____　_____　_____

20. 합승　「　　」　_____　_____　_____

▶ 濃音のある単語

21. 꽃　「　」　_____　_____　_____

22. 깍두기「　　」　_____　_____　_____

23. 짬뽕　「　　」　_____　_____　_____

24. 띄어쓰기「　　　」　_____　_____　_____

25. 받아쓰기「　　　」　_____　_____　_____

▶ 引くのが少し難しい単語

26. 맛있다 「　　　　」 _____ _____ _____

27. 조용히 「　　　　」 _____ _____ _____

28. 갑작스레「　　　　　」

_____ _____ _____

▶ 慣用句

29. 한턱 내다 「　　　　　」

_____ _____ _____

▶ 諺

30. 등잔 밑이 어둡다 「　　　　　　　　」

_____ _____ _____

[カタカナ会話10] CD ▶ 40

─우리말을 잘하시네요.
　ウリマールル チャーラシネヨ

─아뇨, 아직 잘 못해요.
　アニョ　アヂク チャール モッテヨ

　上は、「私達の言葉がお上手ですね」。言うまでもなく「私達の言葉」にあたる"ウリマル"は朝鮮語のことです。"アンニョンハシムニカ"と一言言っただけでもこう言われるほど、この褒め言葉はよく耳にします。言われたらとりあえず謙遜するのが美徳とされています。下は文字どおり訳すと「いいえ、まだよく出来ません」です。

第・11・課

> この課を終えると「…は…です(か)」の表現が身につきます．

| 【저는 학생입니다.】 私は学生です． | CD ▶ 42 |

❶ 野　村： 안녕하십니까?

❷ 김수철： 네, 안녕하십니까?

❸ 野　村： 저는 〈노무라〉라고 합니다.

❹ 김수철： 저는 〈김수철〉이라고 합니다.

❺ 野　村： 〈김수철〉 씨는 학생입니까?

❻ 김수철： 네, 학생입니다.

☆発音のカタカナ表記がp.104
　の「解答」にあります．

　この課から会話の練習に入ります．「生きた会話の修得」という面に重きをおいたため，本文にはいろいろな表現が出てきます．いうまでもなく，それらを一気に理解するのは無理なことですから，皆さんは ポイント を重点的に勉強してください． ポイント 以外の部分は ［語句と解説］ で大まかに理解し，後は本文を丸暗記するよう心掛けましょう．

　なお，本文の〈　　〉は言い換え練習のためのものです．［言い換え例］にある語のほかにも自由に入れ換えて練習しましょう．たとえばこの課では，❸には自分の名前を，❹❺には隣席の人の名前を入れて実際に対話してみることです．

[語句と解説]

❸ 저「私」("나"の謙譲語)／-는「…は」／母音で終わる体言＋라고 합니다「…と言います」

❹ 子音で終わる体言 ＋이라고 합니다「…と言います」（詳しくは第14課の ポイント 参照）

❺ - 씨「氏」「…さん」．韓国人の場合，フルネームか，親しくなったらファーストネームにつけるのが原則で，目上の人には使えない．

[言い換え例] ＜　＞の中を入れ換えて言ってみましょう．

❸	▶ 기무라（木村）　▶ 야마다（山田）　▶ 스즈키（鈴木） ▶ 김철수（金哲洙）　▶ 박미자（朴美子）
❹ ❺	▶ 이미숙（李美淑）　▶ 배기환（裵基煥）　▶ 윤규석（尹奎碩）

[本文の訳]

❶ 野　村：こんにちは．
❷ 金秀哲：こんにちは．
❸ 野　村：私は〈野村〉と言います．
❹ 金秀哲：私は〈金秀哲〉と言います．
❺ 野　村：〈金秀哲〉さんは学生ですか？
❻ 金秀哲：ええ，学生です．

◆ ポイント 　「…は…です」

　　　　　私　　　　学生　　　　　　　　　　　　　　家　　　　　名古屋
　　A）저 는 학생 입니다．　　　　　　B）집 은 나고야 입니다．
　　　[母音] は　　　　です　　　　　　　　[子音] は　　　　　　です

◇ 助詞「は」にあたる "는/은" の使い分けは，**体言（名詞・代名詞・数詞）のうち母音で終わるもの（以後[母音]と略す）には "는"，子音で終わるもの（以後[子音]と略す）には "은"** がつきます．Aの "저" には "는"，Bの "집" には "은" がついています．

◇「…です」にあたる "입니다" は，ㅂ＋ㄴ→ㅁ＋ㄴ という法則（第9課参照）のため [임니다] という発音になります．

◇ [母音] につく "입니다" "입니까？" は，会話では "이" を省略して発音することが多く，たとえば "나고야입니다" を発音どおりに書くと [나고얌니다] になります．

[練習 23] 下の言い換え例を見て，〈 〉の中の単語を適当に言い換えてみましょう．（発音のカタカナ表記が p.104 の「解答」にあります）　　　　　CD ▶ 43

1. 〈오늘〉〈은〉 무슨 요일입니까?　　　きょうは何曜日ですか?

2. 〈오늘〉〈은〉 〈금요일〉입니다.　　　きょうは金曜日です．

日曜日	月曜日	火曜日	水曜日	木曜日	金曜日	土曜日
일요일	월요일	화요일	수요일	목요일	금요일	토요일
さきおととい	おととい	きのう	きょう	あした	あさって	しあさって
그끄저께	그저께	어제	오늘	내일	모레	글피

[練習 24] （ ）の中には / 은のいずれかを入れましょう．　　　CD ▶ 44

1. 취미 (　　) 독서입니다.　　　趣味は読書です．

2. 고향 (　　) 삿포로입니다.　　　故郷は札幌です．

3. 이것 (　　) 교과서입니까?　　　これは教科書ですか．

4. 교과서 (　　) 이것입니다.　　　教科書はこれです．

5. 우리 (　　) 대학생입니다.　　　私たちは大学生です．

[練習 25] 意味を調べ，発音しながら2回ずつ書いてみましょう（発音のカタカナ表記が p.105 の「解答」にあります）．
☆イントネーション：疑問形であっても，몇「何」（数をたずねる），무엇「何」，누구「誰」，언제「いつ」，어디「どこ」，얼마「いくら」，어떻게「どうして」，무슨「何の」などのいわゆる疑問詞が入って"-까?"で終わる文章は，"까"を下げて発音するのがふつうです．　　　CD ▶ 45

1. 여기는 서울입니까?　　　訳 _____

2. 여기는 부산입니다.　　　　　　訳

3. 광주는 어디입니까?

4. 광주는 서쪽입니다.

5. 이 지도는 얼마입니까?

6. 그것은 만 원입니다.

7. 출발은 언제입니까?

8. 출발은 내일 아침입니다.

9. 저 짐은 누구 것입니까?

10. 저 짐은 제 것입니다.

第・12・課

> この課では，「…ではありません」という表現(体言否定)を学びます．

【저는 학생이 아닙니다.】 私は学生ではありません．　**CD ▶ 47**

① 野村：〈김수철〉 씨는 〈학생〉입니까？

② 김수철：아뇨, 저는 〈학생〉이/가 아닙니다.

③ 野村：그럼, 〈회사원〉입니까？

④ 김수철：아뇨, 〈공무원〉입니다.

⑤ 野村：어디서 근무하세요？

⑥ 김수철：〈구청〉에서 일하고 있습니다.

☆発音のカタカナ表記がp.105の「解答」にあります．

[語句と解説]
② 아뇨「いいえ」／〈　〉の中が[母音]の場合は-가 아닙니다（ ポイント 参照）
③ 그럼「では」／회사원「会社員」
④ 공무원「公務員」
⑤ 어디「どこ」／-서「…で」「…において」("에서"の縮約形)／근무「勤務」／-하세요？「…していらっしゃいますか」
⑥ 구청「区庁＝区役所」／-에서「…で」「…において」／일「仕事」／-하고「…して」／있습니다「います」

[言い換え例]　〈　　〉の中を入れ換えて言ってみましょう．

❶〜❹	▶ 가정주부 (家庭の主婦)　▶ 아르바이트 (アルバイト)　▶ 자유업 (自由業) ▶ 사장님 (社長さん)　▶ 평사원 (平社員) ▶ 관광 통역 안내원 (観光通訳ガイド)　▶ 엔지니어 (エンジニア) ▶ 간호사 (看護師)　▶ 은행원 (銀行員)　▶ 운전 기사님 (運転手さん) ▶ 웨이터 (ウェイター)　▶ 웨이트리스 (ウェイトレス)　▶ 점원 (店員) ▶ 교원 (教員)　▶ 대학교 교직원 (大学の職員)　▶ 실업중 (失業中) ☆[母音]の場合は"가"が続く
❻	▶ 은행 (銀行)　▶ 작은 회사 (小さな会社)　▶ 여행사 (旅行会社) ▶ 호텔 (ホテル)　▶ 편의점 (コンビニ)　▶ 레스토랑 (レストラン) ▶ 출판사 (出版社)　▶ 시청 (市庁＝市役所)　▶ 병원 (病院) ▶ 택시 회사 (タクシー会社)　▶ 대학교 (大学)　▶ 고등학교 (高等学校) ▶ 집 (家)

[本文の訳]

❶ 野　村：〈金秀哲〉さんは〈学生〉ですか？
❷ 金秀哲：いいえ，私は〈学生〉ではありません．
❸ 野　村：では，〈会社員〉ですか？
❹ 金秀哲：いえ，〈公務員〉です．
❺ 野　村：どこで勤務していらっしゃいますか？
❻ 金秀哲：〈区役所〉で働いています．

◆ ポイント　「…ではありません」《体言否定》

　　　　　　ビール　　　　　　　　　　　　　　　酒
A) 맥주 가 아닙니다．　　　　B) 술 이 아닙니다．
　　　[母音] ではありません　　　　　[子音] ではありません

◇ 体言を否定する《体言否定》です．Aの"맥주"のような[母音]の後は"-가 아닙니다"，Bの"술"のような[子音]の後では"-이 아닙니다"になります．

◇ "술이"の発音は[수리]，"아닙니다"は[아닙니다]です．

[練習 26]　　　発音してみましょう（発音のカタカナ表記がp.105の「解答」にあります）．

CD ▶ 48

1. 이것은 커피입니다.

    → 이것은 커피<u>가 아닙니다</u>.　　　これはコーヒーではありません．

2. 이것은 일본어 교과서입니다.

    → 이것은 일본어 교과서<u>가 아닙니다</u>.　これは日本語の教科書ではありません．

3. 저는 술고래입니다.

    → 저는 술고래<u>가 아닙니다</u>.　　　私は大酒飲みではありません．

4. 저는 공붓벌레입니다. (공붓벌레=공부+벌레)

    → 저는 공붓벌레<u>가 아닙니다</u>.　　私は勉強の虫ではありません．

5. 그것은 문제입니다.

    → 그것은 문제<u>가 아닙니다</u>.　　　それは問題ではありません．

6. 여기는 일본입니다.

    → 여기는 일본<u>이 아닙니다</u>.　　　ここは日本ではありません．

7. 이것은 제 것입니다.

    → 이것은 제 것<u>이 아닙니다</u>.　　　これは私のではありません．

8. 여기는 화장실입니다.

    → 여기는 화장실<u>이 아닙니다</u>.　　ここはトイレではありません．

9. 이 방은 온돌방입니다.

    → 이 방은 온돌방<u>이 아닙니다</u>.　　この部屋はオンドル部屋ではありません．

10. 거짓말입니다.

   → 거짓말이 아닙니다.　　　　　　　　　　　嘘ではありません．

[練習 27]　次の文を否定形にし，その意味を調べましょう（発音のカタカナ表記が p.105 の「解答」にあります）．　　　**CD ▶ 49**

1. 이것은 제 가방입니다.

   否定形 _____　　　訳 _____

2. 저는 천재입니다.

   _____　　　_____

3. 우리는 일본사람입니다.

   _____　　　_____

4. 그 사람은 재일교포입니다.

   _____　　　_____

5. 이것은 농담입니다.

   _____　　　_____

[練習 28]　訳しましょう（発音のカタカナ表記が p.105 の「解答」にあります）．　　**CD ▶ 50**

1. 私は留学生ではありません．　　_____

2. ここは食堂ではありません．　　_____

3. これはただではありません．　　_____

4. 私たちは観光客ではありません．　　_____

5. あの人は責任者ではありません．　　_____

第・13・課

> この課では，数詞（漢数詞）を学びます．

【3학년입니다.】 三年生です．　　　　　CD ▶ 52

❶ 김수철 : 〈노무라〉 씨는 대학에서 뭘 전공하세요?

❷ 野 村 : 〈경제학〉입니다.

❸ 김수철 : 몇 학년입니까?

❹ 野 村 : 〈3학년〉입니다.

❺ 김수철 : 학교 생활, 재미있습니까?

❻ 野 村 : 〈그저 그렇습니다.〉

[語句と解説]

❶ 대학「大学」/ 뭘「何を」(무엇「何」＋을「を」の縮約形) / 전공「専攻」/ -하세요?「…していらっしゃいますか」
❷ 경제학「経済学」
❸ 몇「何」/ -학년「…学年」「…年生」. 몇 학년は [멷탕년] と一息に発音する. 第8課の"ㅎについて"参照.
❹ 3학년 [사망년]
❺ 학교 생활「学校生活＝学生生活」/ 재미있습니까「面白いですか」「楽しいですか」
❻ 그저 그렇습니다 [그저 그럳씀니다]「まあまあです」

[言い換え例] ＜　＞の中を入れ換えて言ってみましょう．[　]内は発音どおりの表記．

❷	▶ 일본문학[-무낙](日本文学)　▶ 영문학[영무낙](英文学) ▶ 역사학(歴史学) ▶ 사회학(社会学) ▶ 사회복지학(社会福祉学) ▶ 심리학[심니학](心理学) ▶ 경영학(経営学) ▶ 정치학(政治学) ▶ 법학[법팍](法学) ▶ 언어학(言語学) ▶ 국어학(国語学) ▶ 교육학[교육칵](教育学) ▶ 건축학[건축칵](建築学) ▶ 공학(工学) ▶ 농학(農学) ▶ 물리학(物理学) ▶ 수학(数学) ▶ 의학(医学) ▶ 고고학(考古学) ▶ 미학(美学) ▶ 비교문화학(比較文化学) ▶ 국제관계학(国際関係学) ▶ 환경과학(環境科学) ▶ 정치외교학(政治外交学) ▶ 신문방송학(新聞放送学) ▶ 일어일문학(日語日文学) ▶ 무역학[무역칵](貿易学)
❹	▶ 1학년[이랑년](一年生) ▶ 2학년[이항년](二年生) ▶ 4학년[사항년](四年生) ▶ 대학원생[대하권생](大学院生) ▶ 연구생(研究生) ▶ 청강생(聴講生)
❻	▶ 네, 아주 재미있습니다. (ええ, とても面白いです) ▶ 아뇨, 재미없습니다. [재미업씀니다](いいえ, 面白くありません)

[本文の訳]

❶ 金秀哲：＜野村＞さんは大学で何を専攻していらっしゃいますか？
❷ 野　村：＜経済学＞です．
❸ 金秀哲：何年生ですか？
❹ 野　村：＜三年生＞です．
❺ 金秀哲：学生生活，面白いですか？
❻ 野　村：＜まあまあです．＞

◆ ポイント 《数詞―漢数詞》 CD ▶ 53

◇ 数詞には日本語と同様に《漢数詞》(いち・に・さん…)と《固有数詞》(ひとつ・ふたつ・みっつ…)とがあります．この課ではまず《漢数詞》の方を覚えましょう．
　[北]の表記法では「6」が"륙"になります．

1	2	3	4	5	6	7	8	9	10
일	이	삼	사	오	육	칠	팔	구	십
11	12	13	14	15	16	17	18	19	20
십일	십이	십삼	십사	십오	십육 [심뉵]	십칠	십팔	십구	이십
21	22	23	24	25	26	27	28	29	30
이십일	이십이	이십삼	이십사	이십오	이십육 [이심뉵]	이십칠	이십팔	이십구	삼십
40	50	60	70	80	90	100	101	102	103
사십	오십	육십	칠십	팔십	구십	백	백일	백이	백삼

1,000	10,000	10万	100万	1,000万	億	兆	0		
천	만	십만 [심만]	백만 [뱅만]	천만	억	조	영/공		

◇ 漢数詞を使う場合（固有数詞についてはp.64参照）

1. 物の値段：2,300(이천삼백)원「2,300ウォン」
2. 建物の階数：15(십오)층「15階」
3. 長さ，距離：8(팔)미터「8メーター」
4. 重さ：62(육십이)킬로　「62キロ」
5. 年月日：2004(이천사)년 7(칠)월 4(사)일「2004年7月4日」
6. 時間の分，秒：30(삼십)분 50(오십)초「30分50秒」
7. 電話番号：○○○-2731(이천칠백삼십일)又は(이칠삼일)
8. 月（一ヶ月，二ヶ月…）：3(삼)개월「3ヶ月」

[練習 29]　　発音してみましょう．[　　]内は発音どおりの表記です．　　CD ▶ 54

1. 150（백오십）[배고십]　　　　2. 200（이백）

3. 500（오백）　　　　　　　　　4. 1,300（천삼백）

5. 1,500（천오백）[처노백]　　　6. 3,000（삼천）

7. 4,800（사천팔백）　　　　　　8. 170,000（십칠만）

9. 50만（오십만）[오심만]　　　10. 1억（일억）[이럭]

[練習 30]　　数字をハングルで書いてみましょう．実際にはアラビア数字で書けば用は足りるわけですが，ここでは読めるかどうかを試すつもりで挑戦してみてください．

　　　　　　　　　　　　　　　　　　　　　　　　　　　　　　　　　　CD ▶ 55

　　［例］　2,500　　　　　이천오백

1.　　　　78　　　　_____

2.　　4,334　　　　_____

3.　　6,172　　　　_____

4.　　9,900　　　　_____

5.　356,809　　　　_____

6.　　8,500　　　　_____

7.　　　580　　　　_____

8.　　1,550　　　　_____

9.　34,600　　　　_____

10.　　7,040　　　　_____

57

第・14・課

この課では，物の値段の言い方と「…と言います(か)」という表現を学びます．

【뭐라고 합니까?】 何と言いますか？ CD ▶ 57

❶ 野　村 : (鉛筆を指して) 이것은 〈한국말로〉 뭐라고 합니까?

❷ 김수철 : 〈연필〉이라고/라고 합니다.

❸ 野　村 : 그럼, 그것도 〈연필〉이라고/라고 합니까?

❹ 김수철 : 아뇨, 이것은 〈볼펜〉이라고/라고 합니다.

❺ 野　村 : 그 〈볼펜〉을/를 얼마 주고 샀어요?

❻ 김수철 : 〈3,000〉원 주고 샀어요.

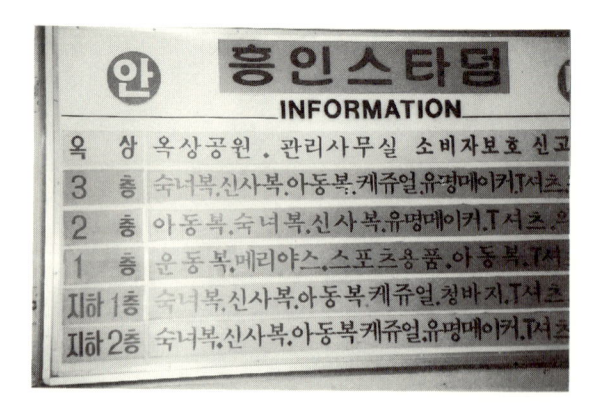

[語句と解説]

❶ 이것「これ」(이「この」・그「その」・저「あの」, 이것「これ」・그것「それ」・저것「あれ」)/ 한국말로「韓国語で」[한궁말로] / 뭐「何」("무엇"の縮約形)
❷ 연필「鉛筆」
❸ 그럼「では」/ -도「…も」
❹ 볼펜「ボールペン」
❺ -을「…を」([母音]+를, [子音]+을)/ 얼마 주고 샀어요?「いくら与えて買いましたか=いくらで買いましたか」
❻ -원 주고 샀어요「…ウォン与えて買いました=…ウォンで買いました」

[言い換え例] 〈　　〉の中を入れ換えて言ってみましょう．

❶	▶ 조선말로 (朝鮮語で)　▶ 일본말로 (日本語で) ▶ 영어로 (英語で)
❷~❺	▶ 지우개 (消しゴム)　▶ 노트 (ノート)　▶ 교과서 (教科書) ▶ 사전 (辞書)　▶ 시계 (時計)　▶ 만년필 (万年筆)　▶ 자 (定規) ▶ 샤프펜슬 (シャープペンシル．샤프・샤프펜とも言う) ▶ 책받침 (下敷き)　▶ 안경 (メガネ)　▶ 필통 (筆箱) ▶ 귀걸이 (イヤリング)　▶ 셔츠 (シャツ) ▶ 치마 (スカート)　▶ 바지 (ズボン)
❻	▶ 100　▶ 300　▶ 1,500　▶ 3,800　▶ 10,000　▶ 30,000
❻全文	▶ 이것은 얻은 것입니다． (これは貰ったものです) ▶ 잊어버렸습니다． (忘れました)

[本文の訳]

❶ 野　村：これは〈韓国語で〉何と言いますか？
❷ 金秀哲：〈연필〉と言います．
❸ 野　村：では，それも〈연필〉と言いますか？
❹ 金秀哲：いいえ，これは〈볼펜〉と言います．
❺ 野　村：その〈볼펜〉をいくらで買いましたか？
❻ 金秀哲：〈3,000〉ウォンで買いました．

◆ ポイント 「…と言います」

<small>消しゴム</small>
A) 지우개 라고 합니다．
　　　[母音]　　と　言います

<small>辞書</small>
B) 사전 이라고 합니다．
　　[子音]　　と　言います

◇ Aは[母音]＋라고 합니다，Bは[子音]＋이라고 합니다です．"합니다"の発音は[함니다]，"공책이라고"は[공채기라고]．11課の会話文 ❸❹ のように，名を名乗るときにも使います．

◇ "-(이)라고"に"도"を続けると「…とも(言います)」の意味になります．

[練習 31]　訳しましょう．　　　　　　　　　CD ▶ 58

1. 이것은 국밥이라고 합니까?

2. 아뇨, 그것은 갈비탕이라고 합니다．

3. 일본을 영어로 저판(Japan)이라고 합니다．

4. 주교료(授業料)를 한국말로 뭐라고 합니까?

5. 등록금이라고 합니다．

6. 조선민주주의인민공화국에서는 한국말을 조선말이라고 합니다．

7. 대한민국에서는 조선말을 한국말이라고 합니다.

8. 쓰시마 (對馬)를 한국에서는 대마도라고도 합니다.

9. 독신 남자를 총각이라고도 합니다.

10. 구급차를 앰뷸런스 (Ambulance) 라고도 합니까?

[練習 32]　訳しましょう.　　　　　　　　　　　CD ► 59

1. 私の名前は山下花子と言います.

2. 私の妹は美淑 (미숙) と言います.

3. これは日本語で何と言いますか.

4.「日本海」を韓国では「東海 (동해)」と言います.

5.「竹島」は「獨島 (독도)」と言いますか?

第・15・課

> この課では，数詞(固有数詞)と時間の言い方を学びます．

【지금 몇 시입니까?】 今, 何時ですか？　　CD ▶ 61

❶ 野村：지금 몇 시입니까?

❷ 김수철：〈10시 45분〉입니다.

❸ 野村：〈11시 45분〉이/가 아닙니까?

❹ 김수철：〈11시 45분〉이/가 아닙니다.
〈10시 45분〉입니다.

❺ 野村：〈점심 시간〉까지 아직 멀었군요.

❻ 김수철：네.

［語句と解説］

❶ 지금「今」/ 몇「何」/ -시「…時」
❷ 10시 45분(ハングル表記は 열시 사십오분)
❸ 11시 45분(ハングル表記は 열한시 사십오분) / -이 아닙니까「…ではありませんか」
"10시" などのように［母音］の後では "-가 아닙니까"(体言否定＝p.51参照)
❺ 점심「点心＝昼食」/ 시간「時間」/ -까지「…まで」/ 아직「まだ」．아직 멀었군요「まだまだですね」「まだ随分先ですね」(発音は［아징 머럳꾸뇨/머럳꾼뇨］)

[言い換え例] 〈 〉の中を入れ換えて言ってみましょう．

❷❹	▶ 9 [아홉] 시 （9時） ▶ 7 [일곱] 시 30 [삼십] 분 （7時30分） ▶ 4 [네] 시 45 [사십오] 분 （4時45分） ▶ 3 [세] 시 50 [오십] 분 （3時50分）
❸❹	▶ 10 [열] 시 (10時) ▶ 8 [여덟] 시 30 [삼십] 분 （8時30分） ▶ 5 [다섯] 시 45 [사십오] 분 （5時45分） ▶ 4 [네] 시 50 [오십] 분 （4時50分） ☆ [母音] の場合は "가" が続く．
❺	▶ 휴식 시간 （休憩時間） ▶ 아침 식사 （朝食） ▶ 저녁 식사 （夕食） ▶ 퇴근 시간 （退社時間）

[時間]
열두 시
열한 시
한 시
열 시
두 시
아홉 시
세 시
여덟 시
네 시
일곱 시
여섯 시
다섯 시

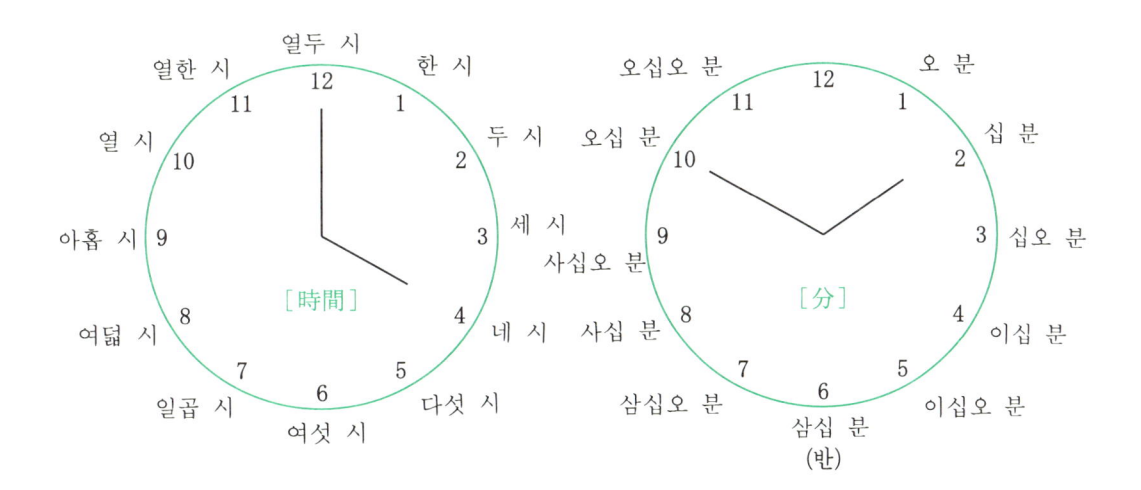

[分]
오십오 분
오 분
십 분
십오 분
사십오 분
이십 분
사십 분
이십오 분
삼십오 분
삼십 분
(반)

[本文の訳]

❶ 野　村：今，何時ですか？
❷ 金秀哲：〈10時45分〉です．
❸ 野　村：〈11時45分〉ではありませんか？
❹ 金秀哲：〈11時45分〉ではありません．〈10時45分〉です．
❺ 野　村：〈昼食の時間〉までまだまだですね．
❻ 金秀哲：ええ．

◆ ポイント 1 《数詞―固有数詞》 CD ▶ 62

◇ 13課で《漢数詞》を学びましたが，この課で学ぶのは日本語の「ひとつ・ふたつ・みっつ…」にあたる《固有数詞》です．日本語と違って99まであり，よく使われますが，ここではとりあえず時間を読むのに必要な「12」までをしっかり覚えましょう．

◇ 개「個」，명「名」，시「時」などの助数詞の前では（　）内のように変化します．

1 하나 (한)	2 둘 (두)	3 셋 (세)	4 넷 (네)	5 다섯	6 여섯	7 일곱	8 여덟 [여덜]	9 아홉	10 열
11 열하나 (열한)	12 열둘 [열뚤] (열두) [열뚜]	13 열셋 [열쎋] (열세) [열쎄]	14 열넷 [열렏] (열네) [열레]	15 열다섯 [열따섣]	16 열여섯 [열려섣]	17 열일곱 [열릴곱]	18 열여덟 [열려덜]	19 열아홉	20 스물 (스무)
30 서른	40 마흔	50 쉰	60 예순	70 일흔	80 여든	90 아흔	99 아흔아홉		

◇ 固有数詞を使う場合（漢数詞については p.56 参照）
  1. 少ない物の個数（一個，二個…）：5 (다섯) 개「五個」
  2. 時間の時（1時，2時…）：7 (일곱) 시「7時」
  3. 少ない人数（ひとり，ふたり…）：2 (두) 사람「ふたり」
  4. 少ない物の種類（一種類，二種類…）：3 (세) 가지「3 種類」
  5. 年齢〔漢数詞も使う〕(18 歳，50 歳…)：19 (열아홉) 살「19 歳」
  6. 月　（ひと月，ふた月…）：1 (한) 달「ひと月」

◆ ポイント 2 《時間の読み方》

「…時」＝固有数詞＋시　「…分」＝漢数詞＋분

◇「時間」に使われるのは固有数詞，「分」には漢数詞です．ただし，助数詞"시"がつく場合，固有数詞は1の表の（　）内の形になります．たとえば，「ひとつ」は"하나"ですが，「1時」は"하나 시"ではなく"한 시"です．数詞の部分の表記にはアラビア数字もハングルも使われます．なお，"초"「秒」には漢数詞が使われます．

[練習 33]　　発音しながら2回ずつ書いてみましょう．数詞はハングルで書くこと．CD ▶ 63

[例]　3시 20분　　　세 시 이십 분　　　세 시 이십 분

1. 1시 5분
2. 1시 10분
3. 2시 15분
4. 3시 20분
5. 4시 25분
6. 5시 30분
7. 6시 35분
8. 7시 40분 경「頃」
9. 오전「午前」 8시 45분
10. 오후「午後」 9시 50분
11. 밤「夜」 10시 55분
12. 11시 반「半」
13. 정각「ちょうど」 12시
14. 12시 5분 전「前」
15. 0 (영)「零」 시

[練習 34]　　練習33の各問の時間に，それぞれ"입니다"「です」をつけて発音してみましょう．

第・16・課

この課では，用言とその上称形(「…です」「…ます」)を学びます．

【**어디 갑니까?**】 どこ行くのですか？ CD ▶ 65

❶ 野 村 : 어디 갑니까?

❷ 김수철 : ⟨커피숍⟩에 갑니다. ⟨노무라⟩ 씨, 시간 있습니까?

❸ 野 村 : 네, 있습니다.

❹ 김수철 : ⟨커피숍⟩에 같이 갑시다.

❺ 野 村 : 네, 그럽시다.

[語句と解説]
- ❶ 어디「どこ」/ 갑니까 [감니까]「行きますか」
- ❷ 커피숍「コーヒーショップ＝喫茶店」
   -에「…に」(時間や場所を示す)/ 갑니다「行きます」/
   시간「時間」/ 있습니까「ありますか」「いますか」
- ❸ 있습니다「あります」「います」
- ❹ 같이 [가치]「一緒に」/ 갑시다「行きましょう」(目上でない人に対して)
- ❺ 그럽시다「そうしましょう」(目上でない人に対して)

[言い換え例] 〈　　〉の中を入れ換えて言ってみましょう．

❷❹
- 공원（公園）　▶ 학교（学校）　▶ 친구 집（友達の家）
- 도서관（図書館）　▶ 서점（書店）　▶ 시장（市場）
- 편의점 [펴니점]（コンビニ）　▶ 학생회관（学生会館）
- 동아리 방（部室）　▶ 동물원（動物園）
- 영화관（映画館）　▶ 술집 [술찝]（飲み屋）　▶ 식당（食堂）
- 백화점 [배콰점]（デパート）　▶ 중국집（中国料理店）
- 일식집（日式の家＝日本料理店）

[本文の訳]

❶ 野　村：どこ行くのですか？
❷ 金秀哲：〈喫茶店〉に行きます．〈野村〉さん，時間ありますか？
❸ 野　村：はい，あります．
❹ 金秀哲：〈喫茶店〉に一緒に行きましょう．
❺ 野　村：ええ，そうしましょう．

◆ ポイント 《用言》・「…です／…ます」《上称形＝ていねいな表現》

◇ 朝鮮語の用言は「動詞」「形容詞」「存在詞」「指定詞」に分けられます．

　　動　詞　⇨　가다「行く」，먹다「食べる」，노력하다「努力する」など
　　形容詞　⇨　크다「大きい」，작다「小さい」，조용하다「静かだ」など
　　存在詞　⇨　있다「ある・いる」，없다「ない・いない」など
　　指定詞　⇨　이다「だ・である」，아니다「違う」の二語のみ

◇ 用言の原形（基本形・辞書形）は，すべて"〜다"の形です．この"다"の前の部分を語幹と呼びます．

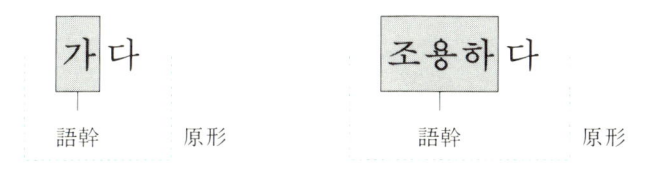

　　　가 다　　　　　　조용하 다
　　語幹　原形　　　　語幹　　原形

◇ 上称形は，用言の語幹が母音で終わるもの（以後［母音］と略す）には"ㅂ니다"，子音で終わるもの（以後［子音］と略す）には"습니다"を続けます．
Aは動詞"가다"が［母音］なので"ㅂ니다"の"ㅂ"を語幹の最後の音節"가"と合わせる形で続けます．Bは動詞"먹다"が［子音］なので"습니다"をそのまま続けます．

A) 가다 → 갑니다　　　　B) 먹다 → 먹습니다
　　　　行きます　　　　　　　　　　　食べます

[例]　노력하다 → 노력합니다　　[例]　작다 → 작습니다
　　　이다　　 → 입니다　　　　　　　있다 → 있습니다
　　　아니다　 → 아닙니다　　　　　　없다 → 없습니다

◇ 上称形は，文脈によっては「…（し）ています」という《継続》の意味にもなります．

[練習 35]　次の用言の原形を上称形にし，その意味も調べましょう．　　　CD ▶ 66

[例]　보다　　　　봅니다　　　　　　　　見ます

1. 마시다

2. 하다

3. 듣다

4. 맵다

5. 재미있다

[練習 36]　次の上称形を原形にし，その意味も調べましょう．　　　CD ▶ 67

1. 졸립니다．　　原形　　　　　　　　　訳

2. 식사합니다．

3. 웃습니다.　　　_____　_____

4. 나쁩니다.　　　_____　_____

5. 괜찮습니다.　　_____　_____

[練習 37]　意味を調べ, 発音しながら2回ずつ書いてみましょう.　　CD ▶ 68

1. 버스[뻐스]보다 택시가 더 빠릅니다.

訳 _____

2. 문법[문뻡]보다 발음이 더 어렵습니다.

3. 백화점은 시장보다 조금 비쌉니다.

4. 옆방이 시끄럽습니까?

5. 요새 컴퓨터 공부를 합니다. 《継続》

第・17・課

この課では，主な助詞を学びます．

【역에서 집까지】 駅から家まで　　CD ▶ 70

❶ 野　村：어디 갑니까？

❷ 김수철：집에 갑니다.

❸ 野　村：〈김수철〉 씨 집이 어디에 있습니까？

❹ 김수철：〈우에노〉에 있습니다.

❺ 野　村：〈역〉에서 집까지 〈걸어서〉 몇 분 걸립니까？

❻ 김수철：〈한 10분〉 걸립니다.

[語句と解説]
❷ 집에「家に」(発音は [지베])
❸ 있습니까 (原形は "있다")
❹ 우에노「上野(地名)」
❺ 역「駅」/ -에서「…から(起点)」/ -까지「…まで」/ 걸어서「歩いて」/ 몇 분「何分」/ 걸립니까「(時間が)かかりますか」(原形は "걸리다")
❻ 한「大体・約」．数詞の前でのみ用いられる．

[**言い換え例**]　〈　　〉の中を入れ換えて言ってみましょう．

❺	▶ 학교 (学校)　▶ 회사 (会社)　▶ 직장 (職場) ▶ 아르바이트하는 데 (アルバイト先)　▶ 지하철 역 [력] (地下鉄の駅)　▶ 버스 정류장 [뻐스 정뉴장] (バス停留所) ▶ 여기 (「ここ」、「ここから」は，" 여기서" と言うことが多い) ▶ 버스로 (バスで)　▶ 자전거로 (自転車で) ▶ 전철로 (電車で)　▶ 택시로 (タクシーで)
❻	▶ 오 분 (5分)　▶ 이십 분 (20分) ▶ 삼십 분 가까이 (30分近く)

[**本文の訳**]

❶ 野　村：どこ行くのですか？
❷ 金秀哲：家に行きます．
❸ 野　村：〈金秀哲〉さんの家はどこにあるのですか？
❹ 金秀哲：〈上野〉にあります．
❺ 野　村：〈駅〉から家まで〈歩いて〉何分かかりますか？
❻ 金秀哲：〈約10分〉かかります．

◆ **ポイント**　《助詞》

◇ 助詞は，きわめて大切ですから，しっかり覚えるようにしましょう．まず，次のページの練習問題を通して，基本的なものを学んでください．下の表は，よく使う助詞をまとめて書きだしたものです．詳しくは[**練習 38**]をみてください．

가 / 이 …が	로 / 으로 …で	에서 …から，で	에 …に
는 / 은 …は	와 / 과 …と	서 …から，で	에게서 / 한테서 …から
를 / 을 …を	하고 …と	까지 …まで	에게 / 한테 …に
로 / 으로 …へ	도 …も	부터 …から	보다 …より

[練習 38]　　発音しながら 2 回ずつ書いてみましょう．同じ意味の助詞が二つある場合は，特に断らないかぎりそれぞれ [母音]／[子音] の順に並んでいます．

CD ▶ 71

▶ 　가 / 이 　「…が」　☆ 2.のように「…は」と訳したほうがいい場合もある．

1. 비가 옵니다.　「雨が降っています．」

2. 이것이 무엇입니까?　「これは何ですか？」

▶ 　는 / 은 　「…は」

3. 지구는 큽니다.　「地球は大きいです．」

4. 별은 빛납니다 [빈남니다].　「星は輝きます．」

▶ 　를 / 을 　「…を」「…に」　☆ 만나다「会う」，타다「乗る」の前は"를/을"を使う．

5. 영화를 봅니다.　「映画を見ます．」

6. 음악을 듣습니다.　「音楽を聞きます．」

7. 친구를 만납니다.　「友達に会います．」

8. 지하철을 탑니다.　「地下鉄に乗ります．」

▶ 로 ([母音]とㄹで終わる体言につく) / 으로   「…へ(方向)」「…で(手段)」

9. 바다로 갑니다.   「海へ行きます.」

_____   _____

10. 고향으로 돌아갑니다.   「故郷へ帰ります.」

_____   _____

11. 비행기로 갑니다.   「飛行機で行きます.」

_____   _____

12. 만년필로 씁니다.   「万年筆で書きます.」

_____   _____

13. 젓가락으로 먹습니다.   「箸で食べます.」

_____   _____

▶ 와/과,   하고 (会話体で[母音][子音]を問わずつく)   「…と」

14. 커피와 빵이 있습니다.   「コーヒーとパンがあります.」

_____   _____

15. 빵과 커피가 있습니다.   「パンとコーヒーがあります.」

_____   _____

16. 커피하고 빵하고 우유가 있습니다.   「コーヒーとパンと牛乳があります.」

_____
_____

▶ 도   「…も」

17. 잡지도 신문도 없습니다.   「雑誌も新聞もありません.」

▶ 에서   (-서는 省略形) 「…から(場所)」「…で(場所)」

18. 집에서 가깝습니다.   「家から近いです.」

19. 여기서 잡니다.   「ここで寝ます.」

▶ 까지   「…まで」

20. 집에서 학교까지 걸어갑니다.   「家から学校まで歩いて行きます.」

▶ 부터   「…から(開始)」

21. 아침부터 밤까지 일합니다.   「朝から晩まで働きます.」

▶ 에   「…に (場所・時など)」

22. 우체국 앞에 있습니다.   「郵便局の前にあります.」

23. 고향에 돌아갑니다. 「故郷に帰ります.」

▶ 에게서 , 한테서 (会話体)   「…から (人につく)」

24. 누구에게서 전화가 옵니까?   「誰から電話が来ますか?」

25. 친구한테서 전화가 옵니다.   「友達から電話が来ます.」

▶ 에게 , 한테 (会話体)   「…に (人につく)」

26. 누구에게 부탁합니까?   「誰に頼みますか?」

27. 형한테 부탁합니다.   「兄に頼みます.」

▶ 보다   「…より (比較)」

28. 고양이보다 개를 더 좋아합니다.   「猫より犬のほうが好きです.」

第・18・課

> この課では，《意志》《確信をもった推量》《控え目な気持》を表す"겠"という接尾辞を学びます．

【말씀 좀 묻겠습니다.】 ちょっとお尋ねします．　CD▶73

❶ 野　　　村：말씀 좀 묻겠습니다.

❷ 지나가는 사람：네, 말씀하세요.

❸ 野　　　村：〈지하철 역〉이/가 어디 있습니까?

❹ 지나가는 사람：저 건물 〈옆에 입구가〉 있습니다.

❺ 野　　　村：아, 네, 고맙습니다.

[語句と解説]

❶ 말씀「お話」「お言葉」．"말"の尊敬語でもあり謙譲語でもある．／좀「ちょっと」／묻겠습니다「お尋ねします」（原形は"묻다"）．"묻다"の謙譲語である"여쭙다"を使って"여쭙겠습니다"とも言う．"겠"は《控え目な気持》を表す（☞ ポイント ）．
❷ 지나가는 사람「通りすがりの人」／말씀하세요「どうぞ」「お話しください」
❸ 지하철 역 [지하철력]「地下鉄の駅」
　☆[n]挿入：合成語や派生語，あるいは二つの単語が一息に発音される場合において，前の要素が子音で終わり，これに続く後の要素の最初の音節が"i"(이)か"j"（야・여・요・유・얘・예）のときはその間に"n"音が挿入される．[例] 한여름「真夏」[한녀름]・색연필「色鉛筆」[색년필→생년필]・서울 역「ソウル駅」[서울녁→서울력]

☆ "가/이" と "는/은" : 疑問文（特に疑問詞を含む文）の場合，助詞は "가/이" を使うことが多いが，そのほとんどは "는/은" に換えて使っても不自然な文章にはならない．
　　　　[例] 이것이/은 무엇입니까? 「これは何ですか」
❹ 건물「建物」/ 옆「横」/ 건물 옆에 [건물려페] / 입구「入口」

[言い換え例] 〈　〉の中を入れ換えて言ってみましょう．

❸	▶ 화장실（化粧室＝トイレ）　▶ 약국（薬局） ▶ 냉면 잘하는 집（冷麺のおいしい店）　▶ 병원（病院） ▶ 우체국（郵便局）　▶ 출입국 관리[괄리] 사무소（出入国管理事務所） ▶ 경찰서（警察署）　▶ 파출소（交番）　☆[母音]の場合は "가" が続く．
❹	▶ 앞에（前に）　▶ 뒤에（後ろに，裏に）　▶ 안에（中に）　▶ 지하에（地下に）

[本文の訳]

❶ 野　　　　村：ちょっとお尋ねします．
❷ 通りすがりの人：ええ，どうぞ．
❸ 野　　　　村：〈地下鉄の駅〉はどこにありますか？
❹ 通りすがりの人：あの建物の〈横に入口が〉あります．
❺ 野　　　　村：ああ，はい．ありがとうございました．

◆ ポイント　接尾辞 －겠－《意志・確信をもった推量（「確信」と略す）・控え目な気持》

◇ 用言の語幹＋겠＋語尾 の形で用いられ，《意志》，《確信》，《控え目な気持》などを表します．日本語には適当な訳語がなく，文脈によって「…（する）つもり」「…（する）だろう」などと訳されますが，多くの場合，あえて訳出する必要はありません．次に《意志》の例を挙げます．

　　A) 내가 갑니다.　　　　B) 내가 가겠습니다.

Aは「（誰が行くかと言うと）私が行きます」，Bは「（誰も行かないなら）私が行きます」という程度の違いがあります．が，日本語訳としては共に「私が行きます」で十分でしょう．

1. 오늘은 집에서 쉬겠습니다.　　きょうは家で休みます．　　　　《意志》
2. 김수철 씨는 뭘 먹겠습니까?　　金秀哲さんは何を食べますか？　《意志》
3. 얼마나 기쁘겠습니까.　　　　　さぞかしうれしいことでしょう．　《確信》
4. 알겠습니다.　　　　　　　　　承知しました．　　　　　　　　《控え目な気持》

[練習 39]　　意味を調べ，発音しながら2回ずつ書いてみましょう．　　CD ▶ 74

1. 저는 자장면 곱배기를 먹겠습니다.

　　　　　　　　　　　　　　　訳

2. 우리들은 택시를 타겠습니다.

3. 앞으로 뭘 하겠습니까?

4. 대학원에 진학하겠습니다.

5. 모르겠습니다.

[練習 40]　　位置を表す 위「上」 밑「下」 오른쪽「右」 왼쪽「左」などを使った文章です．
　　　　　　意味を調べ，発音しながら2回ずつ書いてみましょう．　　CD ▶ 75

1. 가방 오른쪽에 뭐가 있습니까? (뭐<무엇)　　訳

2. 가방 오른쪽에 사전이 있습니다.

3. 가방 왼쪽에 뭐가 있습니까? _____

_____   _____

4. 가방 왼쪽에는 사진이 있습니다. _____

_____   _____

5. 사진 왼쪽에 뭐가 있습니까? _____

_____   _____

6. 사진 왼쪽에는 아무것도 없습니다. _____

_____   _____

7. 책상 밑에 뭐가 있습니까? _____

_____   _____

8. 책상 밑에는 휴지통이 있습니다. _____

_____   _____

第・19・課

この課では，年齢の言い方と尊敬形を学びます．

【연세가 어떻게 되십니까?】 おいくつでいらっしゃいますか？ CD ▶ 77

① 野村：〈김수철〉씨 어머님은 연세가 어떻게 되십니까?

② 김수철：우리 어머니는 〈마흔다섯〉입니다.

③ 野村：그럼, 아버님은 연세가 어떻게 되십니까?

④ 김수철：아버지는 〈작년에 돌아가셨습니다〉. 그런데, 〈노무라〉씨는 몇 살입니까?

⑤ 野村：저는 〈스물한〉 살입니다.

[語句と解説]

① 어머님「お母様＜어머니（お母さん）」．他人の母親のみならず，自分の母親について第三者に語るときにも"어머니"同様に使われる．／연세가 어떻게 되십니까「おいくつでいらっしゃいますか」．目上の人に年齢を尋ねるときの決まり文句．直訳は「お年がどのようになっていらっしゃいますか」．相手が高齢の場合は"연세"の代わりに"춘추"「春秋＝お年」も使われる．

❷ 마흔다섯「45」．年齢は固有数詞を使うことが多い．身内の年齢を言う場合は，"살"「歳」をつけないのが普通．ただし，自分の年齢にはつけても構わない．
❸ 아버님「お父様＜아버지」．❶の"어머님"と同様に使われる．
❹ 작년에「昨年(に)」/ 돌아가셨습니다「お亡くなりになりました」．直訳は「お帰りになられました」/ 固有数詞には"살"，漢数詞を使う場合は同じ意味でも"세"をつける．

[言い換え例] ＜　＞の中を入れ換えて言ってみましょう．

❷❹	▶ 마흔여덟 [마흔녀덜](48) ▶ 쉰둘 [쉰뚤](52) ▶ 일흔 [이른](70) ▶ 안 계십니다 (いらっしゃいません) ☆年齢は15課のポイント参照．
❺	▶ 열여덟 [열려덜](18) ▶ 열아홉 [여라홉](19) ▶ 스무 (20) ▶ 스물한 (21) ▶ 스물두 [스물뚜](22) ▶ 스물세 [스물쎄](23)
❺全文	▶ 상상에 맡기겠습니다 (ご想像に任せます)

[本文の訳]

❶ 野　村：〈金秀哲〉さんのお母様はおいくつでいらっしゃいますか？
❷ 金秀哲：うちの母は〈45〉です．
❸ 野　村：では，お父様はおいくつでいらっしゃいますか？
❹ 金秀哲：父は〈昨年亡くなりました〉．ところで，〈野村〉さんはいくつですか？
❺ 野　村：私は〈21〉歳です．

◆ ポイント　接尾辞 ―(으)시―《尊敬形》

A) 갑니다． ⇨ 가십니다．

B) 웃습니다． ⇨ 웃으십니다．

◇ 用言の語幹＋(으)시＋語尾の形で用いられ，《尊敬》を表します．Aの左は「行きます」，「行く」の原形"가다"の語幹"가"は[母音]なので尊敬を表す接尾辞"시"をそのままつけ，さらに母音に続く上称形の語尾"－ㅂ니다"を続ければ「お行きになります」(右)となります．

◇ Bの「笑います」(左)は，「笑う」の原形 "웃다" の語幹 "웃" が［子音］なので，接尾辞は "으시" の形にして続けます．これにより子音語幹 (웃) が母音語幹 (웃으시) に変わったため，語尾も "-습니다" から "-ㅂ니다" に変わっていることに注意してください ("웃으십니다" の発音は ［우스십니다］)．

◇ 指定詞 "이다" につくと "이십니다" となります． "선생님이십니까" は「先生でいらっしゃいますか」．

◇ 18課で学んだ "겠" とこの "(으)시" が同一文章内に使われるときは "(으)시" を先にします．［例］몇 시에 출발하시겠습니까?「何時に出発されますか」．

[練習 41] 次の語を尊敬の上称形にし，その意味も調べましょう．　　　CD ▶ 78

［例］잘하다　　　잘하십니다.　　　お上手です.

1. 좋아하다

2. 걸어가다

3. 생각이 나다

4. 고생이 많다

5. 화를 내다

[練習 42] 意味を調べ，発音しながら2回ずつ書いてみましょう．　　　CD ▶ 79

1. 내일도 바쁘십니까?　　　訳

2. 오늘, 시간 있으십니까?

3. 언제 어디서 만나십니까?

4. 누구십니까? （指定詞の語幹 "이" が省略されている）

5. 이 분이 김수철 씨 형님이십니다.

[練習 43]　訳しましょう.　　　　　　　　　　　　　　　　　　　　CD ▶ 80
1．朝，何時にお起きになられますか？
2．この方は先生でいらっしゃいます．
3．野村さんは韓国語がとてもお上手です．
4．私がおわかりになりませんか？
5．お疲れですか？

第・20・課

> この課では,「…しません」「…(し)くありません」などの《用言否定》を学びます.

【좋아하지 않습니다.】 好きではありません. CD ▶ 82

❶ 김수철:〈노무라〉씨는 야구를 좋아합니까?

❷ 野 村:〈아뇨, 좋아하지 않습니다. 싫어합니다.〉

❸ 김수철:그럼, 축구는 어떻습니까?

❹ 野 村:〈축구도 별로 좋아하지 않습니다.〉

❺ 김수철:〈노무라〉씨 취미가 뭡니까?

❻ 野 村:제 취미는〈영화 감상〉입니다.

[語句と解説]

❶ 좋아하다「好む」「好きだ」の前にくる助詞は,"가/이"「…が」ではなく"를/을"「…を」.

❷ 좋아하지 않습니다は《用言否定》☞ ポイント / 싫어하다「嫌う」「嫌いだ」「いやだ」の前も,"가/이"ではなく"를/을".

❸ 축구「蹴球=サッカー」/ 어떻습니까「いかがですか」(原形は"어떻다")

❹ 별로「別に」「あまり」

❺ 취미가 뭡니까「趣味は何ですか」. 直訳は「趣味が何ですか」.

❻ 제「私の」.「わたしの」は"내"(対等・目下の人に対して使う),「お前の」は"네".

[言い換え例] 〈　　〉の中を入れ換えて言ってみましょう．

❷	▸ 네, 아주 좋아합니다. (ええ、とても好きです) ▸ 보통입니다. (普通です) ▸ 싫어하지는 않습니다. (嫌いではありません) ▸ 관심이 없습니다. (関心がありません)
❹	▸ 축구는/도 좋아합니다. (サッカーは/も好きです) ▸ 가끔 텔레비전을 봅니다. (時々テレビを見ます) ▸ 뭐가 재미있는지 모르겠습니다. (どこがおもしろいのか分かりません)
❻	▸ 등산 (登山)　▸ 스키 (スキー)　▸ 독서 (読書)　▸ 여행 (旅行) ▸ 조깅 (ジョギング)　▸ 수영 (水泳)　▸ 드라이브 (ドライブ) ▸ 요리 (料理)　▸ 음악 감상 (音楽鑑賞) ▸ 화초 가꾸기 (草花の栽培)　▸ 우표 수집/우표 모으기 (切手収集) ▸ 피아노 (ピアノ)　▸ 산책 (散歩)　▸ 사이클링 (サイクリング) ▸ 춤 (踊り)　▸ 먹는 것 (食べること)　▸ 자는 것 (寝ること) ▸ 스쿠버 다이빙 (スキューバダイビング)　▸ 무취미 (無趣味)

[本文の訳]

❶　金秀哲：〈野村〉さんは野球が好きですか？
❷　野　村：〈いいえ，好きではありません．嫌いです．〉
❸　金秀哲：では，サッカーはいかがですか？
❹　野　村：〈サッカーもあまり好きではありません．〉
❺　金秀哲：〈野村〉さんの趣味は何ですか？
❻　野　村：私の趣味は〈映画鑑賞〉です．

◆ **ポイント**　「…(し)ません」《用言否定》

　　　　A)　가지 않습니다.　　　　B)　안 갑니다.
　　　　　　語幹＋지＋않다の形　　　　안＋語幹の形

◇ A・Bいずれも"갑니다"「行きます」の否定形です．前者は文章・会話のどちらにも使われますが，後者は主に会話に使われます．

　　1. 보이지 않습니다.　　　　＝ 안 보입니다.　　　見えません．
　　2. 먹지 않습니다.　　　　　＝ 안 먹습니다.　　　食べません．
　　3. 하지 않겠습니다.　　　　＝ 안 하겠습니다.　　しません．
　　　☆《意志》を表す接尾辞"-겠"の位置に注意．左は"하겠지 않습니다"とはならない．

◇ 主に2文字以上の漢字語＋하다形をBの形で否定する場合は"하다"の直前に"안"を入れるのが普通．

　　4. 공부하지 않습니다.　　　＝ 공부 안 합니다.　　勉強しません．
　　5. 바쁘시지 않습니까?　　　＝ 안 바쁘십니까?　　お忙しくありませんか？

[練習44]　次の肯定形を2通り(A，B)の否定形にし，その意味も調べましょう．　CD ▶ 83

[例] 비쌉니다　　　비싸지 않습니다 / 안 비쌉니다　　　(値段が) 高くありません

1. 삽니다

2. 기쁩니다

3. 맵습니다

4. 취직합니다

5. 먹겠습니다

[練習 45]　　　意味を調べ，発音しながら2回ずつ書いてみましょう．　　　CD ▶ 84

1. 저는 담배는 피우지 않습니다.　　訳

2. 술은 싫어하지 않습니다.

3. 남 앞에서는 울지 않겠습니다.

4. 너무 멀지 않습니까?

5. 가깝지는 않습니다.

[練習 46]　　　訳しましょう．　　　CD ▶ 85

1. 今日はそんなに寒くありません．

2. 彼とは仲がよくありません．

3. 暑くありませんか．

4. 外国人も少なくはありません．

第・21・課

この課では，略待（打ちとけた）上称形を学びます．

| 【좋아해요？】 好きですか？ | CD ▶ 87 |

❶ 野 村：〈김수철〉씨는 〈바다〉하고 〈산〉하고 어느 쪽을 좋아해요?

❷ 김수철：전 〈바다〉가/이 좋아요.

❸ 野 村：자주 가요?

❹ 김수철：가고 싶지만 〈시간〉이/가 없어요.

❺ 野 村：저도 그래요.

[語句と解説]

❶ 어느 쪽「どちら」/좋아해요?「好きですか」（原形は"좋아하다"） ☞ ポイント
❷ 전「私は」（"저는"の縮約形）［例］난＜나는「わたしは」，이건＜이것은「これは」
　　/좋아요「いいです」「好きです」の前につく助詞は"를/을"ではなく"가/이".
❸ 자주「しょっちゅう」「しばしば」「よく」/가요?（原形は"가다"） ☞ ポイント
❹ 語幹＋고 싶다で《希望》を表す（p.109の③参照）．［例］먹고 싶다「食べたい」/
　　語幹＋지만で《逆接》を表す（p.109の④参照）．［例］가지만「行くが」「行きますが」/없어요（原形は"없다"） ☞ ポイント
❺ 저도＜저＋도「私も」/그래요「そうです」

[言い換え例] 〈　　〉の中を入れ換えて言ってみましょう．

❶❷	▶ 해외 여행（海外旅行）　▶ 국내 여행（国内旅行） ▶ 야유회（野遊会ーピクニック）　▶ 영화 구경（映画見物） ▶ 쇼핑（ショッピング）　▶ 미술관（美術館）　▶ 식물원（植物園） ▶ 유원지（郊外の大型レジャー施設）　▶ 스노보드（スノーボード）　▶ 스키（スキー） ▶ 동물원（動物園）　▶ PC（피시）방（インターネットカフェ）
❹	▶ 돈（お金）　▶ 정신적인 여유（精神的な余裕） ▶ 같이 갈 사람（一緒に行く人）

[本文の訳]

❶ 野　村：〈金秀哲〉さんは〈海〉と〈山〉とどちらが好きですか？
❷ 金秀哲：私は〈海〉が好きです．
❸ 野　村：よく行きますか？
❹ 金秀哲：行きたいのですが〈時間〉がありません．
❺ 野　村：私も同じです．

◆ **ポイント**　略待（打ちとけた）上称形

◇ 16課で習った上称形の仲間です．こちらは文章より会話で，男性より女性が多用する傾向にありますが，同じ人物の会話や同じ文章の中でもこれら2種類の終止形が混用されることもあります．多くは打ちとけた間柄で使われますが，和訳では"ㅂ니다／습니다"同様，あくまで丁寧な表現です．

A）語幹の末母音が陽母音（主に、ㅏ・ㅗ）の場合　⇨　語幹＋아요

[例]　받다 ⇨ 받 아요　　　　　　좋다 ⇨ 좋 아요
　　　受け取る　　　　　　　　　良い

　　　오다 ⇨ 오 아요 ⇨ 와요　　가다 ⇨ 가 아요 ⇨ 가요
　　　来る　　　　　　　　　　　行く

B）語幹の末母音が陰母音（主に、ㅏ・ㅗ以外）の場合　⇨　語幹＋어요

[例]　먹다 ⇨ 먹 어요　　　　　　없다 ⇨ 없 어요
　　　食べる　　　　　　　　　　ない

마시다 ⇨ 마시 어요 ⇨ 마셔요
飲む

C) 하다形の用言の場合 ⇨ 해요

[例] 강하다 ⇨ 강 해요　　　　좋아하다 ⇨ 좋아 해요
　　　　強い　　　　　　　　　　　　　好きだ

D) 指定詞(이다)の場合 ⇨ 예요/이에요

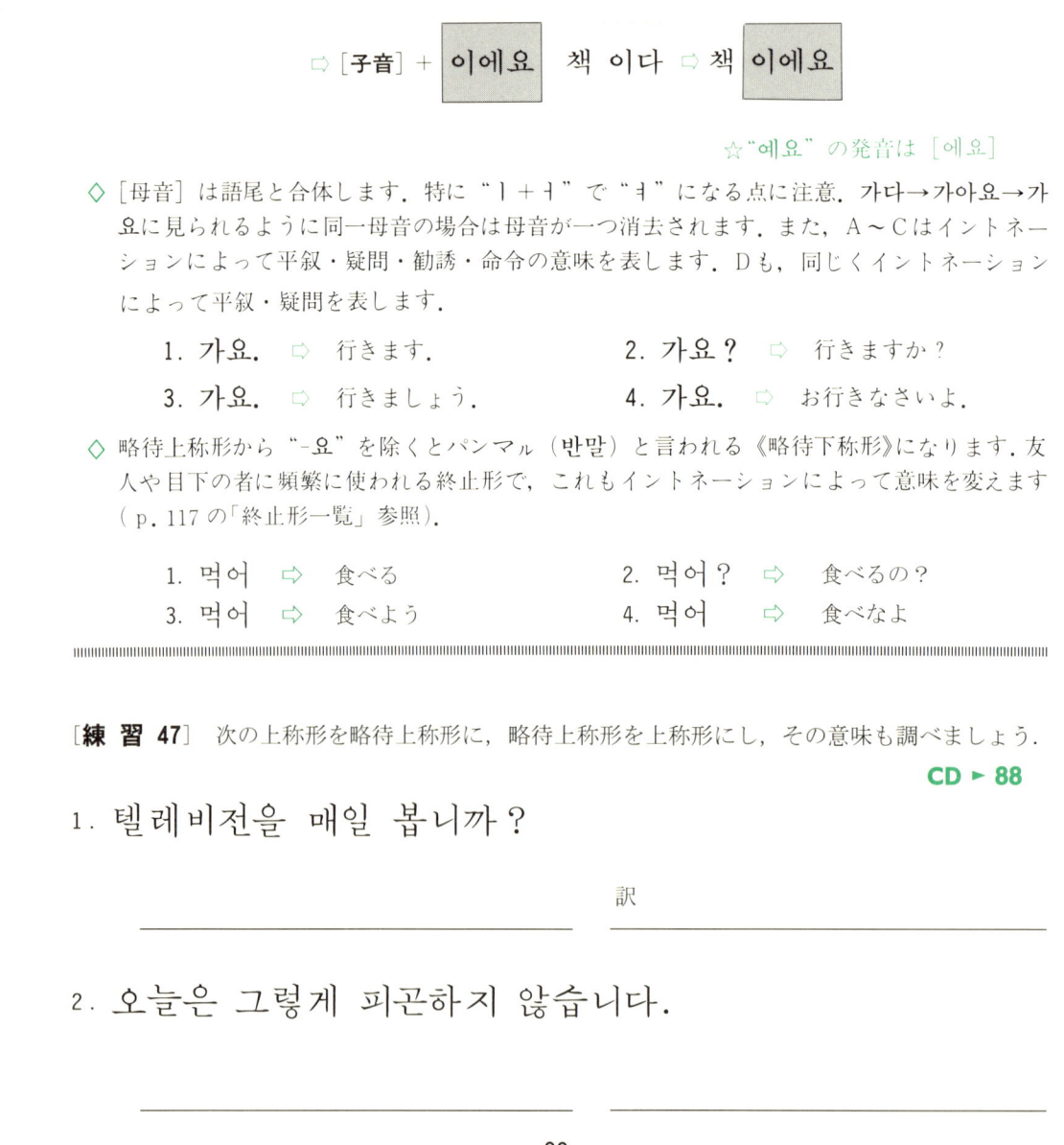

[例] (이)다 ⇨ [母音] + 예요　　교과서(이)다 ⇨ 교과서 예요
　　 …だ

　　　⇨ [子音] + 이에요　　책이다 ⇨ 책 이에요

☆ "예요" の発音は [에요]

◇ [母音] は語尾と合体します．特に "ㅣ+ㅓ" で "ㅕ" になる点に注意．가다→가아요→가요に見られるように同一母音の場合は母音が一つ消去されます．また，A～Cはイントネーションによって平叙・疑問・勧誘・命令の意味を表します．Dも，同じくイントネーションによって平叙・疑問を表します．

1. 가요.　⇨　行きます．　　　2. 가요?　⇨　行きますか？
3. 가요.　⇨　行きましょう．　　4. 가요.　⇨　お行きなさいよ．

◇ 略待上称形から "-요" を除くとパンマル（반말）と言われる《略待下称形》になります．友人や目下の者に頻繁に使われる終止形で，これもイントネーションによって意味を変えます（p.117の「終止形一覧」参照）．

1. 먹어　⇨　食べる　　　　　2. 먹어?　⇨　食べるの？
3. 먹어　⇨　食べよう　　　　4. 먹어　⇨　食べなよ

[練習 47] 次の上称形を略待上称形に，略待上称形を上称形にし，その意味も調べましょう．

CD ▶ 88

1. 텔레비전을 매일 봅니까?

　　　　　　　　　　　　　　　　　訳
_____　_____

2. 오늘은 그렇게 피곤하지 않습니다.

_____　_____

3. 우리 동생은 중학교에 다닙니다.

                                    訳

4. 저희 집에 언제 오시겠습니까?

5. 일본 생활, 재미있어요, 재미없어요?

6. 저는 담배를 하루에 한 갑 피워요.

7. 재일교포예요, 일본사람이에요?

8. 앞날이 걱정돼요 (<되어요).

[**練習 48**] 　略待上称形を使って、次の文を訳しましょう。　　　CD ▶ 89

1. 多いですか、少ないですか？

2. とても疲れました（直訳は「とても疲れます」）。

3. 雨が降っています。

4. 友達ですか、恋人ですか？

第・22・課

この課では，略待尊敬の命令形と略待尊敬形を学びます．

【어서 오세요.】 いらっしゃいませ．　　CD ▶ 91

❶ 종업원 : 어서 오세요. 뭘 드릴까요?

❷ 野 村 : 〈커피〉하나 주세요.

❸ 종업원 : 네.

❹ 野 村 : 아, 잠시만요.

　　　　〈커피〉말고 〈홍차〉주세요.

❺ 종업원 : 네, 〈5,000〉원이에요.

　　　　선불이에요.

❻ 野 村 : 네, 여기 있어요.

[語句と解説]

❶ 종업원「従業員」/ 어서「早く」「どうぞ」/ 오세요「お越しください」☞ ポイント 1 / 드릴까요「差し上げましょうか」(드리다「差し上げる」, -(으)ㄹ까요「…しましょうか」)
❷ 커피「コーヒー」/ 주세요「お与えください」「ください」
❹ 아, 잠시만요.「あ, ちょっと待ってください」[잠시만뇨 / 잠시마뇨]
　☆選択否定：体言＋말고で「…ではなくて」 [例] 그거 말고 저거 주세요「それじゃなくてあれください」
❻ 여기 있어요「ここにあります」「どうぞ」「はい」. お金や物を手渡すときに言う語.

[言い換え例]

❷❹
- 냉커피 (アイスコーヒー)　- 비엔나 커피 (ウインナーコーヒー)
- 카페오레 (カフェオレ)　- 카푸치노 (カプチーノ)
- 요구르트 (ヨーグルト)　- 코코아 (ココア)
- 사이다 (サイダー)　- 콜라 (コーラ)
- 오렌지주스 (オレンジジュース)　- 인삼차 (人参茶)
- 생강차 (生姜茶)　- 율무차 (ハトムギ茶)

[本文の訳]

❶ 従業員：いらっしゃいませ. 何を差し上げましょうか？
❷ 野　村：〈コーヒー〉ひとつください.
❸ 従業員：はい.
❹ 野　村：ああ, ちょっと待ってください. 〈コーヒー〉ではなくて〈紅茶〉ください.
❺ 従業員：〈5,000〉ウォンです. 前払いです.
❻ 野　村：はい.

◆ ポイント 1　「お(ご)…ください」《略待尊敬の命令形》

◇ 人に何かをすすめたり，促すときに使い，日本語で言うならば，前に「どうぞ」という副詞が省略されている「お(ご)…ください」に近い表現です．場合によっては「…(し)てください」と訳されます．［母音］＋세요，［子音］＋으세요が続きます．略待でない形は"-(으)십시오"．《依頼形》の「…(し)てください」は p.112 の㉔参照．

　　A) 語幹＋(으)세요　　　　「お(ご)〜ください」

　　[例]
　　　A) 1. 먼저 가세요.　　　　先にお行きください．→ お先にどうぞ．
　　　　 2. 더 노력하세요.　　　　もっと努力してください．
　　　　 3. 제 선물, 받으세요.　　私のプレゼント，お受け取りください．
　　　　 4. 여기 앉으세요.　　　　ここにお座りください．

◆ ポイント 2　《略待尊敬形》

◇ ポイント 1と同形ですが意味は異なり，"-(으)십니다" "-(으)십니까?"（19課参照）の打ちとけた尊敬形です．［母音］＋세요，［子音］＋으세요ですが，［母音］の後に指定詞が続く場合は，指定詞の語幹"이"が省略されます．

◇ 疑問文でのイントネーションは，たとえ疑問詞が入っていても語尾を上げるのが普通です．

　　B) 語幹＋(으)세요　　「…なさいます」　　　　＝-(으)십니다
　　　　　　　　　　　　　「…でいらっしゃいます」
　　C) 語幹＋(으)세요?　「…なさいますか」　　　＝-(으)십니까?
　　　　　　　　　　　　　「…でいらっしゃいますか」

　　[例]
　　　B) 1. 아버님은 스키를 타세요.　　　お父さんはスキーをなさいます．
　　　　 2. 어머님은 지금 책을 읽으세요.　お母さんは今，本をお読みです．
　　　　 3. 저 분은 중국 분이세요.　　　　あの方は中国の方でいらっしゃいます．
　　　C) 1. 어디로 가세요?　　　　　どこへ行かれるのですか？
　　　　 2. 뭘 찾으세요?　　　　　　何をお探しですか？
　　　　 3. 누구세요?　　　　　　　どなた様ですか？

[練習 49] 次の食事のメニューを訳し，< >の中に入れて注文する練習をしてみましょう．

CD ▶ 92

1	2	3	4	5	6	7	8	9	10	11	12
한정식	불고기	삼계탕	비빔밥	돌솥비빔밥	국밥	갈비탕	곰탕	빈대떡	맥주	소주	"불조심"

A. 뭘 드릴까요?

B. <　　　> 하나 주세요.

[練習 50]　"-(으)세요" 形を使って，次の文を訳しましょう．　　　CD ▶ 93

1. 焼肉，2人分ください．

2. 運転，お気をつけください．

3. 何がお好きですか？

4. 日本にいついらっしゃいますか．

5. お時間がありますか？

第・23・課

この課では，過去形を学びます．

【언제 오셨어요？】 いついらっしゃいましたか？　　CD ▶ 95

① 종업원: 손님, 혹시 〈일본 분〉이 아니세요？

② 野村: 네, 맞아요.

③ 종업원: 〈우리 나라〉에 언제 오셨어요？

④ 野村: 〈지난주에〉 왔어요.

⑤ 종업원: 〈우리말〉을/를 아주 잘하시네요.

⑥ 野村: 〈아니에요. 아직 잘 못해요〉.

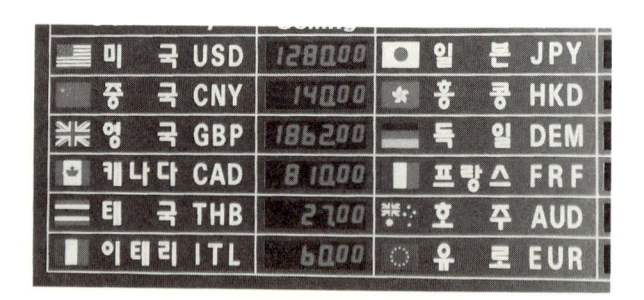

🇺🇸	미 국	USD	1280.00	🇯🇵 일 본	JPY
	중 국	CNY	140.00	✹ 홍 콩	HKD
🇬🇧	영 국	GBP	1862.00	🇩🇪 독 일	DEM
🇨🇦	캐나다	CAD	810.00	🇫🇷 프랑스	FRF
	태 국	THB	27.00	✦ 호 주	AUD
🇮🇹	이태리	ITL	60.00	🇪🇺 유 로	EUR

[語句の解説]

① 손님「お客さん」/ 혹시「ひょっとして」「もしかしたら」/ -가/이 아니세요？「…ではございませんか」「…ではありませんか」

② 맞아요「そのとおりです」「そうです」（原形は"맞다"）

③ 언제「いつ」/ 오셨어요？「いらっしゃいましたか」☞ ポイント

❹ 지난주에 「先週 (に)」 (이번주 [-쭈]「今週」, 다음주 [-쭈]「来週」) / 왔어요 「来ました」 ☞ ポイント

❺ 우리말 「朝鮮語」 (直訳は「私達の言葉」) / 잘하다 「上手だ」「うまい」
　☆ **詠嘆形** : 語幹＋네요で「…ですね」「…ますね」．[例] 매운 것도 잘 먹네요「辛いのもよく食べますね」, 맛있네요「おいしいですね」, 덥네요「暑いですね」

❻ 아니에요 「いいえ」「ちがいます」/ 아직 「まだ」/ 잘 「よく」「上手に」/ 못해요 [모태요]「できません」

[言い換え例]　< >の中を入れ換えて言ってみましょう．

❶	▶ 재일 교포 분 (在日僑胞の方) ▶ 중국에 사시는 교포 분 (中国にお暮らしの僑胞の方) ▶ 재미 교포 분 (在米僑胞の方) ▶ 러시아에서 오신 분 (ロシアからいらした方)
❸	▶ 한국 (韓国)　▶ 조선 (朝鮮) ▶ 연변 (延辺＝中国延辺朝鮮族自治州)　▶ 미국 (アメリカ)
❹	▶ 어제 (昨日)　▶ 오늘 (今日)　▶ 작년에 [장녀네] (去年(に)) ▶ 2년 전에 (2年前に)
❺	▶ 일본말 (日本語)　▶ 한국말 [한궁말] (韓国語) ▶ 조선말 (朝鮮語)
❻	▶ 아직 [아징] 멀었어요 (まだまだです) ▶ 감사합니다 (ありがとうございます) ▶ 부끄럽습니다 (恥ずかしいです)

[本文の訳]

❶ 従業員：お客さん，ひょっとして〈日本の方〉ではありませんか？
❷ 野　村：ええ，そうです．
❸ 従業員：〈我が国〉にいついらっしゃいましたか？
❹ 野　村：〈先週〉来ました．
❺ 従業員：〈朝鮮語〉がとても上手ですね．
❻ 野　村：〈いいえ．まだ上手に話せません．〉

◆ ポイント　接尾辞 －았(었)－《過去形》

作り方は，21課で学んだ《略待上称形》と同じ要領です．

◇ 用言の過去形

　　A）語幹の末母音が陽母音（主にㅏ・ㅗ）の場合　　⇨　語幹＋았

　　B）語幹の末母音が陰母音（主にㅏ・ㅗ以外）の場合　⇨　語幹＋었

　　C）하다形の用言の場合　　　　　　　　　　　　⇨　하였（文章体）

　　　　　　　　　　　　　　　　　　　　　　　　　　했　（会話・文章体）

◇ 指定詞（이다）の場合

　　D）［母音］＋　　　　　　　　　　　　　　　　⇨　였

　　E）［子音］＋　　　　　　　　　　　　　　　　⇨　이었（発音は［이영］）

◇ 過去の接尾辞につく略待上称形はすべて"-어요"（았어요・었어요・했어요）となり，"-아요"の形はありません．

　　［例］

　　A）　살다　⇨　살았습니다　　　　　　　　　가다　⇨　（가았습니다）⇨ 갔습니다
　　　　　　　　　　　「住みました」　　　　　　　　　　　　　　　　　　　「行きました」
　　　　　　　　　　살았어요　　　　　　　　　　　　　　（가았어요）⇨ 갔어요

　　B）　먹다　⇨　먹었습니다　　　　　　　　　오시다　⇨　（오시었습니다）⇨ 오셨습니다
　　　　　　　　　　「食べました」　　　　　　　　　　　　　　　　　　　　「いらっしゃいました」
　　　　　　　　　　먹었어요　　　　　　　　　　　　　　　（오시었어요）⇨ 오셨어요

　　　　　　　　　　　　　　　　　　　　　　　D）　어제　　어제였습니다
　　　　　　　　　　　　　　　　　　　　　　　　　　　　　　　「昨日でした」
　　　　　　　　　　　　　　　　　　　　　　　　　　　　　어제였어요
　　C）　공부하다　⇨　공부하였습니다
　　　　　　　　　　　공부했습니다
　　　　　　　　　　　　　「勉強しました」　　　E）　오늘　　오늘이었습니다
　　　　　　　　　　　공부했어요　　　　　　　　　　　　　　「今日でした」
　　　　　　　　　　　　　　　　　　　　　　　　　　　　　오늘이었어요

[練習 51]　　次の文を過去形にし，その日本語訳も書きましょう．　　　CD ▶ 96

1. 영화를 봅니다.

　　_____　　訳 _____

2. 선생님은 안 오십니다.

　　_____　　　 _____

3. 제가 밤에 전화합니다.

　　_____　　　 _____

4. 누구예요?

　　_____　　　 _____

5. 제 잘못입니다.

　　_____　　　 _____

[練習 52]　　次の文を訳しましょう．　　　CD ▶ 97

1. 地下鉄に乗りました．

　　_____

2. 朝鮮語を習いました．

　　_____

3. 昨日，工場にお行きになりませんでしたか？

　　_____

4. 私達は一緒に勉強しました．

　　_____

5. 時間は夜の10時でした．

　　_____

第・24・課

この課では，文章を訳しながら連体形・接続語尾・下称形などを学びます。

CD ▶ 99

【또 하나의 지구】   訳 _____

❶ 일년에 걸친(걸치[다]+-ㄴ) 조선어 공부가 끝났다(끝나[다]

訳 _____

❷ +-았-+-다). 아직 아는(알[다]+-는) 게 별로 없으나(없[다]

❸ +-나) 그래도 한글만은 그런대로 읽을 수 있게(읽[다]+-을

❹ +수+있[다]+-게) 되었다. 이제 겨우 초급 단계가 끝난(끝

❺ 나[다]+-ㄴ) 셈이다.

❻ 나는 앞으로도 계속 공부해서(공부하[다]+-여서) 하루빨

❼ 리 신문・잡지를 읽어(읽[다]+-어) 보고 싶다. 그리고 뭐니

❽ 뭐니 해도 회화를 좀더 익혀서(익히[다]+-어서) 많은(많[다]

❾ +-은) 사람들을 사귀었으면(사귀[다]+-었-+-면) 한다(하[다]

100

⑩ +-ㄴ다).

⑪ 밖에는 바람이 쌩쌩 분다(불[다]+-는다). 눈송이가 날린

⑫ 다(날리[다]+-ㄴ다). 간판이 쾅 하고 넘어진다(넘어지[다]+

⑬ -ㄴ다). 빠른(빠르[다]+-ㄴ) 걸음으로 걷는(걷[다]+-는) 구둣

⑭ 소리. 누군가가 누군가를 부르는(부르[다]+-는) 소리. 모두

⑮ 가 신선하다.

⑯ 외국어는 지금까지 몰랐던(모르[다]+-았-+-던) 세계의 발

⑰ 견이며 새로운(새롭[다]+-은) 나 자신과의 만남이다. 또 하

⑱ 나의 지구다.

[**語句と解説**]

❶ 걸친：[母音]の動詞に"ㄴ", [子音]の動詞に"은"がついて《過去連体形》になる．[例] 하다「する」→한～「した…」☞ ポイント

❷ 아는："아다"の語幹に《現在連体形》の"는"がついたものと思いがちだが"아다"という単語はない．こうした場合は，変則用言の可能性を考える．"아는"は原形が"알다"で《ㄹ変則用言(ㄹ語幹)》である．この用言は，"ㄴ" "ㅅ" "으"の前で"ㄹ"が脱落する(ただし，"으"の次に"ㄹ"や"ㅁ"が続く場合は"으"が脱落し，語幹の"ㄹ"は残る)．[例] 알(다)+-네→아네「知ってるね」，달(다)+-습니다→다습니다→답니다「甘いです」，길(다)+-은→기은→긴～「長い～」，놀(다)+-으러→놀러「遊びに」☞ 付録「変則用言表」

❸ 을 수 있게：-ㄹ/을 수(가) 있다で「…することができる」という《可能》を表す．"있다"の部分を"없다"に換えれば「…することができない」《不可能》．p.110の⑩⑪参照
❹ 끝난：끝나다の《過去連体形》 ☞ ポイント
❻ 공부해서："-아서/어서"はさまざまな意味を持つ．하다形につくと"하여서/해서"になる．ここでは「…して」の意味．p.111の⑲参照
❼ 읽어："어/아"で「…し(て)」．[例] 가다→가아→가「行き」「行って」， 먹다→먹어 봤다「食べてみた」
　보고 싶다：動詞・存在詞の語幹＋-고 싶다で《希望》(「…したい」)を表す．p.109の③参照
❽ 많은：[母音]の形容詞に"ㄴ"，[子音]の形容詞に"은"がついて《現在連体形》になる．[例] 크다「大きい」→ 큰 가방「大きいカバン」 ☞ ポイント
❾ 었으면：-았으면/었으면 하다で「…できたらと思う」という《願望》を表す．[例] 가다→갔으면 한다「行けたらと思う」，먹다→먹었으면 합니다「食べられたら(食べることが出来たら)と思います」
　한다：「…する」など論説文やぞんざいな終止形として使われる《下称形》は，動詞以外は原形をそのまま使えばよい．[例] 크다＝크다「大きい」，없다＝없다「ない」「いない」，이다＝이다「…だ」．動詞の場合は，[母音]＋ㄴ다，[子音]＋는다になる．[例] 가다→간다「行く」，보다→본다「見る」，먹다→먹는다「食べる」，앉다→앉는다「座る」
⓫ 분다：原形"불다"，《下称形》は(불는다)．しかし,불다는ㄹ変なので,불다→(불는다)→(부는다)，さらに語幹が"부"という[母音]になったので(부는다)は"분다"になる．☞ 付録「変則用言表」
　날린다："날리다"の《下称形》
⓬ 하고：하(다)＋-고「…といって」
⓭ 빠른："빠르다"の《現在連体形》
　걷는："걷다"の《現在連体形》
⓮ 부르는："부르다"の《現在連体形》
⓰ 몰랐던："모르다"の《大過去連体形》．모르다는르変．"어"の前で語幹末の"ㅡ"が脱落し，"어"が"라/러"になる．[例] 다르(다)＋-어요→다르어요→달어요→달라요「異なります」☞ 付録「変則用言表」
⓱ 새로운："새롭다"の《現在連体形》．새롭다はㅂ変．母音の前で"ㅂ"が"오/우"になる．[例] 춥(다)＋-은→추우은→추운～「寒い～」☞ 付録「変則用言表」

◆ **ポイント** 《連体形》

◇ -ㄹ・-을・-는・-ㄴ・-은・-던などの形で，助詞でない場合は連体形である可能性が大です．時制は品詞によって異なるので注意が必要です．たとえば，-ㄴ・-은は，動詞につけば過去連体形であり，形容詞につけば現在連体形になります．今後，文章の訳に挑戦するときには，辞書とこの「連体形の表」，そして付録の「変則用言表」が役に立つことでしょう．

	未　来	現　在	過　去	回　想「シテイタ〜」	大 過 去「シタ〜」「シテイタ〜」
動　詞・存在詞	語幹＋ㄹ/을	語幹＋는	語幹＋ㄴ/은	語幹＋던	語幹＋았던・었던 았었던・었었던
가다 行ク	갈　行ク〜	가는 行ク〜	간　行ッタ〜	가던 行ッテイタ〜	갔던 行ッタ〜 갔었던 行ッタ〜
먹다 食ベル	먹을 食ベル〜	먹는 食ベル〜	먹은 食ベタ〜	먹던 食ベテイタ〜	먹었던 食ベタ〜
있다 居ル	있을 居ル〜	있는 居ル〜	있은 居タ〜（文章体）	있던 居タ〜	있었던 居タ〜
形容詞	語幹＋ㄹ/을	語幹＋ㄴ/은	語幹＋던・았던・었던・았었던・었었던（これらはあまり使われない）		
싸다 安イ	쌀　安イ〜	싼　安イ〜	싸던・쌌던・쌌었던　安カッタ〜		
적다 少ナイ	적을 少ナイ〜	적은 少ナイ〜	적던・적었던・적었었던 少ナカッタ〜		
指定詞	語幹＋ㄹ	語幹＋ㄴ	語幹　＋　던・었던・었었던		
학생이다 学生デアル	학생일〜 学生デアル〜	학생인〜 学生デアル〜	학생이던・학생이었던・학생이었었던 学生デアッタ〜		

[練習 53] p.100〜p.101の本文を訳しましょう．

練習問題解答

平仮名は激音，___部分は鼻濁音です.

[19番]（発音チェック用のカタカナ表記）
1. パルム 2. チョソノ 3. ハングゴ 4. テハクッキョ 5. ットクックク 6. モクッチャ 7. ムナク 8. ちょんちょニ 9. チョアヨ 10. シロヨ 11. ットクットクけヨ 12. ピスッてヨ 13. ポクッチャプペヨ 14. チョッた 15. シルた

[21番] 2. 가이코(꼬)쿠(꾸)고 3. 다루마산가 고론다 4. 고레와 돗테(떼)모 무즈카(까)시이 5. 今まで発音の勉強ばかりやってきました．まだ完全には読めなくても，この文字の形にはだいぶ慣れてきたと思います．まるや三角くらいにしか見えなかった「ハングル」が，だんだんと意味をもつ生きた文字として見えるようになったのではないでしょうか．さて，次の課では辞書の引き方を学びます．辞書を使いこなすのは易しいことではありませんが，辞書にはいろいろな情報がたくさん入っていますからおおいに活用してください．必要なときだけ引くのではなく，ときどき辞書をじっくり読んでみることをすすめます．第10課が終わったらいよいよ会話の勉強に入ります．せっかくここまで学んできたのですから，引き続き楽しみながら頑張ってください．

[22番]（カッコ内は発音チェック用のカタカナ表記）
1. どこ（オディ） 2. 夕立（ソナギ） 3. かかし（ホスアビ） 4. 腹；船；梨（ペ） 5. 歌（ノレ） 6. 会話；絵画（フェファ） 7. お金（トン） 8. 家（チプ） 9. 本（ちぇク） 10. 辞典（サヂョン） 11. 果物（クヮイル） 12. 乾杯（コンベ） 13. 計算；勘定（ケサン） 14. 出席（ちゅルソク） 15. 欠席（キョルソク） 16. 遅刻（チガク） 17. （夏休み、冬休みなどの学校の）休み（パンハク） 18. おしゃれな人（モッチギ） 19. ぞんざいな言葉（パンマル） 20. 相乗り（ハプッスン） 21. 花（ッコッ） 22. カクテキ（ッカクットゥギ） 23. チャンポン；まぜこぜ（ッチャムッポン） 24. 分かち書き（ッティヨッスギ） 25. 書き取り（パダッスギ） 26. おいしい（マシッタ） 27. 静かに（チョヨンイ） 28. 急に（カプッチャクッスレ） 29. 御馳走する（ハンとンネダ） 30. 灯台下暗し（トゥンヂャン ミち オドゥプッタ）

[第11課本文]（発音チェック用のカタカナ表記）
1. アンニョンハシムニカ 2. ネー，アンニョンハシムニカ 3. チョヌン ノムララゴ ハムニダ 4. チョヌン キムスちょリラゴ ハムニダ 5. キムスちょルッシヌン ハクセギムニカ 6. ネー，ハクッセギムニダ

[23番]（発音チェック用のカタカナ表記）
1. オヌルン ムスン ヨイリムニカ（速い発音では，ムスンニョイリムニカ） 2. オヌルン クミョイリムニダ，[言い換え例] 日曜日 イリョイル，月曜日 ウォリョイル，火曜日 ファヨイル，水曜日 スヨイル，木曜日 モギョイル，金曜日 クミョイル，土曜日 とヨイル，さきおとい クックヂョッケ，おとい クヂョッケ，きのう オヂェ，あした ネイル，あさって モレ，しあさって クルぴ

104

[**24番**] 1.는（ちゅィーミヌン　トクソイムニダ）2.은（コヒャグン　サッポロイムニダ）3.은（イゴスン　キョーックッソイムニカ）4.는（キョーックッソヌン　イゴシムニダ）5.는（ウリヌン　テーハクセギムニダ）

[**25番**]（発音チェック用のカタカナ表記）
1.ここはソウルですか？（ヨギヌン　ソウリムニカ）2.ここは釜山です。（ヨギヌン　プサニムニダ）3.光州はどこですか？（クヮンヂュヌン　オディイムニカ）4.光州は西の方です。（クヮンヂュヌン　ソッチョギムニダ）5.この地図はいくらですか？（イ　チドヌン　オールマイムニカ）6.それは一万ウォンです。（クゴスン　マーヌォニムニダ）7.出発はいつですか？（ちゅルバルン　オーンヂェイムニカ）8.出発は明日の朝です。（ちゅルバルン　ネイル　アチミムニダ）9.あの荷物はだれのですか？（チョ　チムン　ヌグッコシムニカ）10.あの荷物は私のです。（チョ　チムン　チェッコシムニダ）

[**第12課本文**]（発音チェック用のカタカナ表記）
1.キムスちょルッシヌン　ハクッセギムニカ　2.アニョ　チョヌン　ハクセギ　アニムニダ　3.クロム　フェサウォニムニカ　4.アニョ　コンムウォニムニダ　5.オディソ　クンムハセヨ　6.クちょゲソ　イラゴ　イッッスムニダ

[**26番**]（カッコ内は発音チェック用のカタカナ表記）
1.イゴスン　こーぴイムニダ　→　イゴスン　こーぴガ　アニムニダ　2.イゴスン　イルボノ　キョーックッソイムニダ　→　イゴスン　イルボノ　キョーックッソガ　アニムニダ　3.チョヌン　スルゴレイムニダ　→　チョヌン　スルゴレガ　アニムニダ　4.チョヌン　コンブ　ポルレイムニダ　→　チョヌン　コンブ　ポルレガ　アニムニダ　5.クゴスン　ムンヂェイムニダ　→　クゴスン　ムンヂェガ　アニムニダ　6.ヨギヌン　イルボニムニダ　→　ヨギヌン　イルボニ　アニムニダ　7.イゴスン　チェッコシムニダ　→　イゴスン　チェッコシ　アニムニダ　8.ヨギヌン　ファヂャンシリムニダ　→　ヨギヌン　ファヂャンシリ　アニムニダ　9.イ　パグン　オンドルッパギムニダ　→　イ　パグン　オンドルッパギ　アニムニダ　10.コヂンマリムニダ　→　コヂンマリ　アニムニダ

[**27番**]（カッコ内は発音チェック用のカタカナ表記）
1.이것은 제 가방이 아닙니다（イゴスン　チェ　カバギ　アニムニダ）。これは私のカバンではありません。2.저는 천재가 아닙니다（チョヌン　ちょンヂェガ　アニムニダ）。私は天才ではありません。3.우리는 일본사람이 아닙니다（ウリヌン　イルボンサラミ　アニムニダ）。私達は日本人ではありません。4.그 사람은 재일교포가 아닙니다（ク　サラムン　チェイルギョぽガ　アニムニダ）。彼は在日僑胞ではありません。5.이것은 농담이 아닙니다（イゴスン　ノンダミ　アニムニダ）。これは冗談ではありません。

[**28番**] 1.저는 유학생이 아닙니다.（チョヌン　ユハクセギ　アニムニダ）2.여기는 식당이 아닙니다.（ヨギヌン　シクッタギ　アニムニダ）3.이것은 공짜가 아닙니다.（イゴスン　コンッチャガ　アニムニダ）4.우리는 관광객이 아닙니다.（ウリヌン　クヮングヮングゲギ　アニムニダ）5.저 사람은 책임자가 아닙니다.（チョ　サーラムン　ちェギムヂャガ　アニムニダ）

[**30番**] 1.칠십팔　2.사천삼백삼십사　3.육천백칠십이　4.구천구백　5.삼십오만 육천팔백구　6.팔천오백　7.오백팔십　8.천오백오십　9.삼만 사천육백　10.칠천사십

[**31番**] 1.これはクッパ（朝鮮料理の一つ）と言いますか。2.いいえ，それはカルビタン（朝鮮料理の一つ）と言います。3.「日本」を英語で「チョペン（ジャパン）」と言います。4.授業料を韓国語で何と言いますか。5.トゥンノクックムと言います。6.朝鮮民主主義人民共和

国ではハングンマル（韓国語）をチョソンマル（朝鮮語）と言います．7．大韓民国ではチョソンマルをハングンマルと言います．8．「ツシマ」を韓国では「テマド（対馬島）」と言います．9．独身の男の人をちょンガク（チョンガー）とも言います．10．救急車を「エムビュルロンス（／エムブルロンス）」とも言いますか．

[**32番**] 1．제(/내) 이름은 야마시타 하나코라고 합니다. 2．제 (내·저희·우리) 여동생(/누이동생)은 미숙이라고 합니다. 3．이것은 일본말로 뭐라고 합니까? 4．니혼카이(日本海)를 한국에서는 동해라고 합니다. 5．「다케시마」는 독도라고 합니까?

[**33番**] 1．한시 오분 2．한시 십분 3．두시 십오분 4．세시 이십분 5．네시 이십오분 6．다섯시 삼십분 7．여섯시 삼십오분 8．일곱시 사십분 경 9．오전 여덟시 사십오분 10．오후 아홉시 오십분 11．밤 열시 오십오분 12．열한시 반 13．정각 열두시 14．열두시 오분 전 15．영시

[**35番**] 1．마십니다「飲みます」 2．합니다「します」 3．듣습니다「聞きます」 4．맵습니다「辛いです」 5．재미있습니다「おもしろいです」

[**36番**] 1．졸리다「眠い」 2．식사하다「食事する」 3．웃다「笑う」 4．나쁘다「悪い」 5．괜찮다「構わない」

[**37番**] 1．バスよりタクシーのほうが速いです．2．文法より発音のほうが難しいです．3．デパートは市場よりちょっと高いです．4．隣の部屋がうるさいですか．5．このごろ，コンピュータの勉強をしています．

[**39番**] 1．私はジャージャー麺の大盛りを食べます．2．私達はタクシーに乗ります．3．将来(／この先)何をしますか(／するつもりですか)．4．大学院に進学します．5．分かりません．

[**40番**] 1．カバンの右に何がありますか？ 2．カバンの右には辞書があります．3．カバンの左に何がありますか？ 4．カバンの左には写真があります．5．写真の左に何がありますか？ 6．写真の左には何もありません．7．机の下に何がありますか？ 8．机の下にはくず入れがあります．

[**41番**] 1．좋아하십니다「お好きです」 2．걸어가십니다「歩いて行かれます」 3．생각이 나십니다「思い出されます」 4．고생이 많으십니다「ご苦労が多いです」 5．화를 내십니다「お怒りになります」

[**42番**] 1．明日もお忙しいですか．2．今日，時間がおありですか．3．いつ，どこでお会いになりますか．4．どなた様ですか．5．この方が金秀哲さんのお兄様でいらっしゃいます．

[**43番**] 1．아침 몇 시에 일어나십니까? 2．이 분은 선생님이십니다. 3．노무라 씨는 한국말을 아주 잘하십니다. 4．저를 모르십니까? 5．피곤하십니까(/고단하십니까)?

[**44番**] 1．사지 않습니다. 안 삽니다.「買いません」 2．기쁘지 않습니다. 안 기쁩니다.「嬉しくありません」 3．맵지 않습니다. 안 맵습니다.「辛くありません」 4．취직하지 않습니다. 취직 안 합니다.「就職しません」 5．먹지 않겠습니다. 안 먹겠습니다.「食べません」

[**45番**] 1．私はたばこは吸いません．2．お酒は嫌いではありません．3．人の前では泣きません．4．遠すぎませんか．5．近くはありません．

[**46番**] 1．오늘은 그렇게 춥지 않습니다. 2．그 사람하고(/과)는 사이가 좋지 않습니다. 3．덥지 않습니까? 4．외국사람(/외국인)도 적지는 않습니다.

[**47番**] 1．텔레비전을 매일 봐요?「テレビを毎日見ますか？」 2．오늘은 그렇게 피곤하지 않아요.「今日はそんなに疲れていません．」 3．우리 동생은 중학교에 다녀요.「うちの弟／妹は中学校に通っています．」 4．저희 집에 언제 오시겠어요?「私どもの家にいついらっ

しゃいますか?」 5. 일본 생활, 재미있습니까, 재미없습니까?「日本の生活、楽しいですか、楽しくないですか?」 6. 저는 담배를 하루에 한 갑 피웁니다.「私はタバコを一日に一箱吸います.」 7. 재일교포입니까, 일본사람 입니까?「在日同胞ですか、日本人ですか?」 8. 앞날이 걱정됩니다.「行く末が心配になります.」

[**48番**] 1. 많아요, 적어요? 2. 아주 피곤해요. 3. 비가 와요. 4. 친구예요, 애인이에요?

[**49番**] 1.「韓定食」 2.「焼肉」 3.「蔘鶏湯(サムゲタン)」 4.「ビビンパ」 5.「石焼ビビンパ」 6.「クッパ」 7.「カルビ湯(カルビタン)」 8.「コム湯(コムタン)」 9.「ピンデトック」 10.「ビール」 11.「焼酎」 12.「火の用心」

[**50番**] 1. 불고기 2(/이)인분 주세요. 2. 운전, 조심하세요. 3. 뭘(/ 무엇을) 좋아하세요? 4. 일본에 언제 오세요? 5. 시간 있으세요?

[**51番**] 1. 영화를 봤습니다 (/ 보았습니다 / 봤어요).「映画を見ました.」 2. 선생님은 안 오셨습니다 (/안 오셨어요).「先生はいらっしゃいませんでした.」 3. 제가 밤에 전화했습니다 (/ 전화했어요).「私が夜、電話しました.」 4. 누구였어요? (누구였습니까?)「誰でしたか?」 5. 제 잘못이었습니다 (/ 제 잘못이었어요).「私の間違いでした.」

[**52番**] 1. 지하철을 탔습니다(/탔어요). 2. 조선말을(/한국말을 /조선어를 /한국어를) 배웠습니다(/배웠어요). 3. 어제 공장에 안 가셨습니까(/안 가셨어요 /가지 않으셨습니까 /가지 않으셨어요 /가시지 않으셨습니까 /가시지 않으셨어요 /가시지 않았습니까 /가시지 않았어요)? 4. 우리는(/우리들은 /저희는 /저희들은) 같이(/함께) 공부했습니다(/공부했어요). 5. 시간은 밤 열 시였습니다(/시였어요).

[**53番**]
　一年にわたる朝鮮語の勉強が終わった. まだ, 知っていることはあまりないが, それでもハングル(/ 朝鮮文字)だけはそれなりに読めるようになった. これでやっと初級段階が終わったわけである.

　わたしはこれからも引き続き勉強し, 一日も早く新聞・雑誌を読んでみたい. そして, なんといっても会話をもう少し習ってたくさんの人々と知り合えたらと思う.

　外は風がびゅうびゅう吹いている. 雪片が舞う. 看板がバタンと倒れる. 早足で歩く靴音, 誰かが誰かを呼ぶ声, 全てが新鮮だ.

　外国語は, 今まで知らなかった世界の発見であり, 新しい自分自身との出会いだ. もうひとつの地球だ.

付　　録

> この付録には，使用頻度の高い語尾，変則用言，用言活用などがまとめられています．

主な語尾

　ある用言語尾や接尾辞が用言の語幹に接続するとき，語尾の種類によって語幹へのつき方が変わります．おおよそ接続の仕方は三通りです．これを整理するとき，語尾や接尾辞の形には変化がなく，その代わり語幹のほうが三通りに変わるという考え方がありますが，この場合Ⅰ・Ⅱ・Ⅲをそれぞれ第Ⅰ語基，第Ⅱ語基，第Ⅲ語基と呼んでいます．また，逆に，語幹に変化はなく，語尾が三通りに変化するという考え方があります．この場合は，-○○，-(으)○○，-아(어)○○（[例] -고，-(으)면서，-아(어)서）などと表記します．

	用言	語幹	語尾	⇨ 語幹＋語尾
Ⅰ：語幹のまま	오다	오	고	오고 「来て」
Ⅱ：[母音] ⇨ 語幹のまま	오다	오	면	오면 「来れば」
[子音] ⇨ 語幹＋으	먹다	먹	[으] 면	먹으면 「食べれば」
Ⅲ：語幹の末母音が陽母音（主に아, 오）				
⇨ 語幹＋아	받다	받	[아] 도	받아도 「受けても」
語幹の末母音が陰母音（主に아, 오以外）				
⇨ 語幹＋어	먹다	먹	[어] 도	먹어도 「食べても」
[하다形]				
⇨ 語幹＋여（文章体）	말하다	말하	[여] 도	말하여도 「言っても」
⇨ 해（会話体）	말하다	말하	도	말해도 「言っても」

どんな語尾がどう語幹につながるのか，例文で覚えましょう．

① Ⅰ-고「…して」「…し」《接続》

[例] 도시에는 비가 오고 산에는 눈이 온다.　　都市には雨が降り，山には雪が降る．
　　　제5과는 어렵고 제6과는 쉽다.　　　　　　第5課は難しく，第6課は易しい．

② Ⅰ-고 있다「…している」《継続》

[例] 조선말을 배우고 있습니다.　　　　　　　　朝鮮語を習っています．
　　　뭘 먹고 있어요?　　　　　　　　　　　　　何を食べているのですか？

③ Ⅰ-고 싶다「…したい」《希望》

[例] 오사카에 가고 싶어요.　　　　　　　　　　大阪に行きたいです．
　　　김치가 먹고 싶다.　　　　　　　　　　　　キムチが食べたい．

④ Ⅰ-지만「…**するが**」「…**だが**」《逆接》

[例] 술은 좋아하지만 매일은 마시지　　　　　　お酒は好きですが，毎日は飲みません．
　　　않습니다.
　　　이건 2,000원이지만 저건 3,000원　　　　　これは2,000ウォンですが，あれは3,000
　　　이에요.　　　　　　　　　　　　　　　　　ウォンです．

⑤ Ⅰ-기 시작하다「…**し始める**」《開始》

[例] 비가 오기 시작했어요.　　　　　　　　　　雨が降り始めました．
　　　아기가 또 울기 시작했다.　　　　　　　　　赤ん坊がまた泣き出した．

⑥ Ⅰ-기 때문에「…**するせいで**」「…**するために**」《原因・理由》（後続文に勧誘・命令形は使えない）

[例] 공부는 주로 도서관에서 하기 때문에　　　　勉強は主に図書館でするので，家にはほ
　　　집에는 거의 없어요.　　　　　　　　　　　とんどいません．
　　　어제는 아침부터 놀러 갔기 때문에　　　　　昨日は朝から遊びに行ったので，家には
　　　집에는 아무도 없었습니다.　　　　　　　　誰もいませんでした．

⑦ Ⅰ-기 위해「…**するために**」《目的》

[例] 너를 만나기 위해 여기까지 왔다.　　　　　お前に会うためにここまで来た．
　　　먹기 위해 일한다.　　　　　　　　　　　　食べるために働く．

⑧ Ⅱ-러「…しに」（ㄹ変は［母音］扱い）《目的》

[例] 너를 만나러 여기까지 왔다.　　　　　　　お前に会いにここまで来た．
　　　놀러 오세요.　　　　　　　　　　　　　　遊びにお越しください．
　　　먹으러 가겠습니다.　　　　　　　　　　　食べに行きます．

⑨ II-ㅂ시다 「…しましょう」《勧誘》

 [例] 같이 갑시다.   一緒に行きましょう.
    사진을 찍읍시다.   写真を撮りましょう.

⑩ II-ㄹ 수(가) 있다 「…することができる」《可能》(ㄹ変は "을" を省略する)

 [例] 내일 몇 시에 올 수 있어요?   明日何時に来れますか.
    시장에서는 값을 깎을 수가 있어요. 市場では値切ることができます.
    한국말로 설명할 수 있습니까?   韓国語で説明できますか.
    일본에서 살 수 있어요?   日本で暮らせますか.

⑪ II-ㄹ 수(가) 없다 「…することができない」《不可能》(ㄹ語幹は "을" を省略する)

 [例] 혼자서는 갈 수 없어요.   一人では行けません.
    먹을 수 없었어요.   食べられませんでした.

⑫ II-ㄹ 줄 알다 「…することができる」《可能》「…することを知っている」
      「…すると思う」(ㄹ変は "을" を省略する)

 [例] 아무도 안 올 줄 알았어요.   誰も来ないと思ってました.
    한글도 읽을 줄 압니다.   ハングルも読めます.
    운전할 줄 아세요?   運転できますか.

⑬ II-ㄹ 줄 모르다 「…することができない」《不可能》「…することを知らない」
       「…すると思わない」(ㄹ変は "을" を省略する)

 [例] 자전거 탈 줄 몰라요.   自転車に乗れません.
    사과할 줄 모르는 사람   謝ることを知らない人
    받아쓰기가 이렇게 어려울 줄 몰랐어요. 書き取りがこんなに難しいとは思いませんでした.

⑭ II-면 「…すれば」《条件》(ㄹ変は [母音] 扱い)

 [例] 이 버스를 타시면 호수에 갈 수 있어요. このバスにお乗りになれば湖に行けます.
    먹으면 살찝니다.   食べれば太ります.

⑮ II-니까 「…なので」「…するから」《原因・理由》

 [例] 오늘은 비가 오니까 내일 갑시다.   今日は雨が降っているから、明日行きましょう.
    질이 좋으니까 사셔도 손해는 없어요. 質がいいですからお買いになっても損はしません.
    내 일이니까 내가 하겠어요.   私の仕事ですから私がします.

⑯ Ⅱ-ㄹ 테니까 「…するつもりだから」「…するから」　　《意図》
　　　　　　　　　　「…するだろうから」《推量》

　[例]　우리도 5시까지는 갈 테니까 거기서　　我々も5時までには行くつもりだから,
　　　　　만납시다.　　　　　　　　　　　　　　　そこで会いましょう.
　　　　동물원에는 사람이 많을 테니까　　　　　動物園には人が多いだろうから,
　　　　　식물원에 갑시다.　　　　　　　　　　　植物園に行きましょう.

⑰ Ⅱ-ㄴ 지 「…した後」「…してから」

　[例]　일본에 오신 지 몇 년 되셨습니까?　　　日本にいらしてから何年になられました
　　　　　　　　　　　　　　　　　　　　　　　　か.
　　　　불고기를 안 먹은 지 오래 됐다.　　　　　焼き肉をずいぶん長いこと食べていない.

⑱ Ⅱ-ㄹ 것이다 「…だろう」「…と思う」《推量》

　[例]　그렇게 될 것이다.　　　　　　　　　　　そうなるだろう.
　　　　고민이 없는 사람은 없을 것입니다.　　　悩みのない人はいないでしょう.
　　　　그 사람은 벌써 일본을 떠났을　　　　　　彼はもう日本を離れたと思います.
　　　　　거예요(＜것이에요).

⑲ Ⅲ-서 「…して」（動詞・形容詞につくと《原因・理由》,
　　　　　　　　　　動詞はさらに《動作の先行》も意味する）

　[例]　너무 비싸서 살 수 없다.　　　　　　　　高すぎて買えない.
　　　　너무 많이 먹어서 배가 아픕니다.　　　　たくさん食べ過ぎてお腹が痛いんです.
　　　　조용한 커피숍에 가서 이야기합시다.　　静かな喫茶店に行って話しましょう.
　　　　학교 갔다와서 놀자.　　　　　　　　　　学校から帰ってきてから遊ぼう.

⑳ Ⅲ-도 「…しても」

　[例]　방에 들어가도 됩니까?　　　　　　　　　部屋に入ってもいいですか.
　　　　가고 싶어도 갈 수 없는 이유가 있어요.　行きたくても行けない理由があります.
　　　　밤 11시 이후에 전화해도 괜찮아요?　　　夜11時以降に電話しても構いませんか.

㉑ Ⅲ-야 하다, Ⅲ-야 되다, Ⅲ-야겠다 「…しなければならない」

　[例]　12시에는 자야 합니다.　　　　　　　　　12時には寝なければなりません.
　　　　먹어야 한다.　　　　　　　　　　　　　　食べねばならない.
　　　　먼저 전화를 해야 됩니까?　　　　　　　　先に電話をしなければなりませんか.
　　　　저는 슬슬 가야겠어요.　　　　　　　　　私はそろそろ行かなければなりません.

㉒ Ⅲ-지다（形容詞について「…に(く)なる」，他動詞につくと自動詞か受け身の意味になる）

　［例］　물가가 비싸졌다.　　　　　　　　　物価が高くなった.
　　　　 갑자기 조용해졌어요.　　　　　　　急に静かになりました.
　　　　 이것은 100년 전에 만들어진 작품이다.　これは100年前に作られた作品だ.

㉓ Ⅲ-있다（動詞について「…している」《状態》，②との違いに注意）

　［例］　벤치에 쭉 앉아 있었습니다.　　　　ベンチにずうっと座っていました.
　　　　 병에 물이 들어 있다.　　　　　　　びんに水が入っている.

㉔ Ⅲ-주십시오(/주세요)「…してください」《依頼》

　［例］　（タクシーの運転手に）남대문 시장까지　南大門市場まで行ってください.
　　　　　　가 주세요.
　　　　 라면 하나 끓여 주세요.　　　　　　ラーメンひとつつくってください.
　　　　 세 시까지 연락해 주십시오.　　　　3時までに連絡してください.

変則用言表

語幹と語尾・接尾辞の分かれ目を見当つけるには，終止形や連体形などの知識が必要であることは言うまでもありませんが，それらを修得してもなお，用言の原形がわからず，したがって辞書を引けないことがあります．そうした場合はまず変則用言ではないかと疑い，この表を参照して原形を見つけてください．なお，辞書の中には変則用言の活用形がそのまま立項されてあるものもあります（[例] 커<크(다)+-어）．そうした辞書を使えばこの表に頼る必要はほとんどありません．見当つけて見つからなかった場合は，⇨の番号の変則用言もチェックしてください．

( ) 内は正則用言であった場合の仮定の原形

名　称	こんな時	こうする	たとえば	対　象
①ㄹ変 (ㄹ語幹)	★母音語幹と思われるが適当な単語が見当たらない ⇨2/3/4/6/7/8/9/10/11	語幹にㄹを付ける	산→(사다)→살다「生きる」 는→(느다)→늘다「増える」 아는→(아다)→알다「知る」 만드세요→(만드다)→만들다「作る」 놉니다→(노다)→놀다「遊ぶ」 기네→(기다)→길다「長い」 먼→(머다)→멀다「遠い」	멀다，돌다，밀다 等語幹の末子音がㄹの全ての動・形容詞
②ㅂ変	★語幹の末字が우・오・워・와と思われるが適当な単語が見当たらない ⇨1	우・오・워・와をㅂに変える	도와→(도와다/도오다)→도ㅂ다 　　　　→돕다「手伝う」 더우면→(더우다)→더ㅂ다 　　　　→덥다「暑い」 추워서→(추워다/추우다)→추ㅂ다 　　　　→춥다「寒い」 아름다웠다→(아름다워다/ 아름다우다)→아름다ㅂ다 　　　　→아름답다「美しい」	눕다，아름답다等の動・形容詞．잡다，접다，뽑다，업다，입다等の正則用言も多い

③르変	★語幹の末字が르라・르러と思われるが適当な単語が見当たらない	르라・르러を르に変える	몰라서→(몰라다)→모르다「分からない」 머물렀고→(머물러다)→머무르다「泊まる」 빨랐다→(빨라다)→빠르다「速い」 글렀다→(글러다)→그르다「悪い」	고르다, 마르다, 다르다等の動・形容詞
④으変	★語幹の末字がㅏ・ㅓと思われるが適当な単語が見当たらない ⇨1/6/10/11	ㅏ・ㅓを一に変える	써→(써다)→쓰다「使う」「書く」 꺼→(꺼다)→끄다「消す」 따랐다→(따라다)→따르다「従う」 아파서→(아파다)→아프다「痛い」	크다, 바쁘다等, 末母音が一の動・形容詞. 르変と混同しやすい
⑤ㄷ変	★語幹の末終声がㄹと思われるが適当な単語が見当たらない	ㄹをㄷに変える	실으면→(실다)→싣다「積む」 들어요→(들다)→듣다「聞く」 물어→(물다)→묻다「尋ねる」	걷다, 깨닫다等の動詞. 믿다, 받다等の正則用言も多い
⑥ㅎ変	★語幹の末字がㅏ・ㅓ・ㅐ・ㅖと思われるが適当な単語が見当たらない ⇨1/4/7/8/9/10/11	ㅏ・ㅓには終声字ㅎを加える. ㅐはㅏかㅕに変え, 終声字ㅎを加える. ㅖはㅑ, ㅖはㅕに変え, 終声字ㅎを加える	까만→(까마다)→까맣다「黒い」 파란→(파라다)→파랗다「青い」 그러네→(그러다)→그렇다「そうだ」 그래요→(그래다)→그러다→그렇다「そうだ」 하얘→(하얘다)→하야다→하얗다「白い」 부예→(부예다)→부여다→부옇다「ぼやけている」	노랗다, 어떻다等. 좋다を除き, 語幹の末子音がㅎの全ての形容詞
⑦하変 (여変)	★語幹, あるいは語幹の末字が하여・해と思われるが適当な単語が見当たらない	하여・해を하に変える	해→(해다)→하다「する」 복잡하여→(복잡하여다)→복잡하다「複雑だ」 했다→(해다)→하다「する」	하다がつく全ての動・形容詞

⑧ㅅ変	★語幹が지・부・이・나と思われるが適当な単語が見当らない ⇨1	지・부・이・나に ㅅを加える	지으면→(지다)→짓다「作る」 나아요→(나다)→낫다「治る」「ましだ」 부어서→(부다)→붓다「腫れる」	짓다・붓다・잇다・낫다等の動・形容詞．웃다・벗다・씻다等の正則用言も多い
⑨어変	★語幹の末字がㅐと思われるが適当な単語が見当たらない ⇨6/7	ㅐを ㅓに変える	그래요→(그래다)→그러다「そうする」「そういう」 어째서→(어째다)→어쩌다「どうする」「どんなだ」	이러다・그러다・저러다・어쩌다等の動・形容詞
⑩러変	★語幹の末字が러と思われるが適当な単語が見当たらない ⇨3/4/6	러を取り除く	푸르러서→(푸르러다)→푸르다「青い」 이르렀다→(이르러다)→이르다「至る」	이르다「至る」・푸르다・푸르디푸르다・노르다・누르다「黄色い」・누르디누르다の6語のみ
⑪우変	★原形が퍼다と思われるが適当な単語が見当たらない	原形は푸다	퍼서→(퍼다)→푸다「汲み取る」「よそう」	푸다の一語のみ

終止形一覧

	原形	下称形	上称形	略待上称形
動詞	가다　　行く	간다 行く	갑니다 行きます	가요 行きます 等
	말하다　言う 보다　　見る 마시다　飲む 찾다　　探す 먹다　　食べる 만들다　[ㄹ変] 作る 듣다　　[ㄷ変] 聞く 모르다　[르変] 知らない	말한다 본다 마신다 찾는다 먹는다 *만든다 듣는다 모른다	말합니다 봅니다 마십니다 찾습니다 먹습니다 *만듭니다 듣습니다 모릅니다	*말해요 봐요 마셔요 찾아요 먹어요 만들어요 *들어요 *몰라요
形容詞	싸다　　　　安い 조용하다　静かだ 크다　[으変]　大きい 많다　　　　多い 아름답다　[ㅂ変] 美しい 적다　　　　少ない 멀다　[ㄹ変]　遠い	싸다 조용하다 크다 많다 아름답다 적다 멀다	쌉니다 조용합니다 큽니다 많습니다 아름답습니다 적습니다 *멉니다	싸요 *조용해요 *커요 많아요 *아름다워요 적어요 멀어요
存在詞	있다　　ある・いる 없다　　ない・いない	있다 없다	있습니다 없습니다	있어요 없어요
指定詞	이다　　である 아니다　違う	(이)다 아니다	입니다 아닙니다	이어요/예요/이에요 아녀요/아니에요

*は変則用言や交替形式の尊敬語

過去形	尊敬形	略待尊敬形	略待下称形
갔습니다 行きました	가십니다 お行きになります	가세요 お行きになります 等	가 行く 等
*말했습니다 봤습니다 마셨습니다 찾았습니다 먹었습니다 만들었습니다 *들었습니다 *몰랐습니다	*말씀하십니다 보십니다 *드십니다 찾으십니다 *잡수십니다 *만드십니다 *들으십니다 모르십니다	*말씀하세요 보세요 *드세요 찾으세요 *잡수세요 *만드세요 *들으세요 모르세요	*말해 봐 마셔 찾아 먹어 만들어 *들어 *몰라
쌌습니다 *조용했습니다 *컸습니다 많았습니다 *아름다웠습니다 적었습니다 멀었습니다	조용하십니다 크십니다 많으십니다 *아름다우십니다 적으십니다 *머십니다	조용하세요 크세요 많으세요 *아름다우세요 적으세요 *머세요	싸 *조용해 *커 많아 *아름다워 적어 멀어
있었습니다	있으십니다/*계십니다	있으세요/*계세요	있어
없었습니다	없으십니다/*안 계십니다	없으세요/*안 계세요	없어
이었습니다/였습니다	이십니다	이세요	이야/야
아니었습니다	아니십니다	아니세요	아니야

朝鮮民主主義人民共和国の正書法

　［北］の正書法や辞書の見出し語の配列順などについては，2課・6課・7課・9課・10課・13課で触れましたが，ここでもう少し詳しく述べておきましょう．

1．［南］ほどは分かち書きをしない．たとえば，称号，依存名詞，時間や空間の意味を表す固有語，前の名詞を受ける"자신""일행""모두"などの名詞，"-고"につづく"있다""나가다""싶다"などは前の語につけて書く．

　　　［南］　이순신 장군「李舜臣将軍」　　　　［北］　리순신장군
　　　　　　 좋은 것「良いもの」　　　　　　　　　　 좋은것
　　　　　　 학교 앞에「学校の前に」　　　　　　　　 학교앞에
　　　　　　 여행자 일행「旅行者一行」　　　　　　　 려행자일행
　　　　　　 먹고 있다「食べている」　　　　　　　　 먹고있다

2．語幹末が ㅣ, ㅐ, ㅔ, ㅚ, ㅟ, ㅢ などでパッチムのない場合，次に어語尾がくるとその어は発音どおりに여と表記する．

　　　［南］　기어「這って」　　　　　　　　　　　［北］　기여
　　　　　　 되었다「なった」　　　　　　　　　　　　 되였다
　　　　　　 물이었다「水だった」　　　　　　　　　　 물이였다

3．漢字語は語頭・語中にかかわらず，本来の音がそのまま表記され，表記どおりに発音される．

　　　［南］　여자「女子」　　　　　　　　　　　　［北］　녀자
　　　　　　 노동「労働」　　　　　　　　　　　　　　 로동
　　　　　　 예외「例外」　　　　　　　　　　　　　　 례외

4．母音調和（語幹末母音が陽母音なら語尾も陽母音，陰母音なら陰母音が続く現象）が守られる．

　　　［南］　아름다워서「美しくて」　　　　　　　［北］　아름다와서
　　　　　　 고마워요「ありがとう」　　　　　　　　　 고마와요

5．その他，異なるもの．

　　　［南］　위「上」　　　　　　　　　　　　　　［北］　우
　　　　　　 볼펜「ボールペン」　　　　　　　　　　　 원주필（圓珠筆）
　　　　　　 바닷가「海辺」　　　　　　　　　　　　　 바다가
　　　　　　 호우「豪雨」　　　　　　　　　　　　　　 무더기비
　　　　　　 아이스크림「アイスクリーム」　　　　　　 에스키모
　　　　　　 도시락「弁当」　　　　　　　　　　　　　 곽밥
　　　　　　　　　　　等

文法事項索引

イ
意志…………………………77
意図…………………………111
依頼…………………………112
イントネーション…48,90,94
陰母音……………89, 98, 108

ウ
受け身………………………112

エ
詠嘆形………………………96
[n] 挿入……………………76
円唇…………………………8

オ
音節…………………………7

カ
開音節………………………7
開始……………………74, 109
回想…………………………103
確信…………………………77
過去形……………………98, 117
過去連体形……101,102,103
下称形……………………102, 116
可能………………………102, 110
願望…………………………102
漢字語………………………21
勧誘…………………………110

キ
希望……………88, 102, 109

ク
基本子音……………………10
基本母音……………………7
逆接……………………88, 109

ク
訓民正音……………………6

ケ
敬語…………………………81
継続……………………68, 109
形容詞……………………67, 116
激音……………………14, 16
原因・理由……109,110,111
原形………………………67, 116
現在連体形…………102, 103

コ
口蓋音化……………………35
合成母音字…………………26
語幹…………………………67
語中…………………………10
語頭…………………………10
語尾…………………………108
固有語………………………21

シ
子音字………………………6
子音字の呼称………………31
時間の読み方………………64
辞書の引き方………………42
指定詞……67,82,90,98,116
終声…………………………30
条件…………………………110

上
上称形……………67, 81, 116
状態…………………………112
助詞…………………………71

ス
推量……………………77, 111
数詞(漢数詞)………………56
数詞(固有数詞)……………64

セ
接続…………………………109
選択否定……………………92

ソ
尊敬形……………………81, 117
存在詞……………………67, 116

タ
第Ⅰ語基……………………108
大過去連体形………102, 103
体言否定……………………51
第Ⅲ語基……………………108
第Ⅱ語基……………………108
濁音……………10, 12, 35, 40

ト
動作の先行…………………111
動詞………………………67, 116

ニ
日本語の
ハングル表記………………40

ノ

濃音……………………16, 22

ハ

パッチム……………………30
反切表……………………表見返
パンマル……………………90

ヒ

ㅎ(ヒウッ)…………………35
ㅂ変……………………102, 113
非円唇……………………… 7
鼻音……………………… 16
鼻音化…………………… 38
控え目な気持……………… 77
鼻濁音…………………10, 35

フ

不可能……………… 102, 110
複合母音字………………… 26

ヘ

平音……………………14, 16
閉音節……………………… 7
平音の濃音化………………35
平唇……………………… 8
変則用言……………101, 113

ホ

母音字…………………6, 7
母音調和…………………118

ミ

未来連体形………………103

モ

目的………………………109

ヨ

用言………………………67

用言否定…………………86
陽母音………… 89, 98, 108

リ

ㄹ変(ㄹ語幹)……101, 113
略待下称形
(パンマル)………90, 117
略待上称形……89, 98, 116
略待尊敬形…………94, 117
略待尊敬の命令形………94
流音……………………… 16
流音化…………………… 39

レ

連音………………………34
連体形……………………103

書き取り問題解答欄

> 本書付属CDを使って聞き取りの練習をしましょう．主に各課に出ている単語や文章から成る問題です．「　」内には意味を書きます．

《1番》 CD ▶ 5

1. _____ 2. _____ 3. _____ 4. _____ 5. _____ 6. _____

7. _____ 8. _____ 9. _____ 10. _____

《2番》 CD ▶ 9

1. _____ 「　　」 2. _____ 「　　」 3. _____ 「　　」

4. _____ 「　　」 5. _____ 「　　」 6. _____ 「　　」

7. _____ 「　　」 8. _____ 「　　」 9. _____ 「　　」

10. _____ 「　　」

《3番》 CD ▶ 13

1. _____ 「　　」 2. _____ 「　　」 3. _____ 「　　」

4. _____ 「　　」 5. _____ 「　　」 6. _____ 「　　」

7. _____ 「　　」 8. _____ 「　　」 9. _____ 「　　」

10. _____ 「　　」

《4番》 CD ▶ 16

1. _____ 「　　」 2. _____ 「　　」 3. _____ 「　　」

4. _____ 「　　」 5. _____ 「　　」 6. _____ 「　　」

7. _____ 「　　」 8. _____ 「　　」 9. _____ 「　　」

10. _____ 「　　」

《5番》 CD ▶ 21

1. 「_____」　2. 「_____」　3. 「_____」

4. 「_____」　5. 「_____」　6. 「_____」

7. 「_____」　8. 「_____」

9. 「_____」　10. 「_____」

《6番》 CD ▶ 25

1. 「_____」　2. 「_____」　3. 「_____」

4. 「_____」　5. 「_____」　6. 「_____」

7. 「_____」　8. 「_____」　9. 「_____」

10. 「_____」

《7番》 CD ▶ 29

1. 「_____」　2. 「_____」　3. 「_____」

4. 「_____」　5. 「_____」　6. 「_____」

7. 「_____」　8. 「_____」　9. 「_____」

10. 「_____」

《8番》 CD ▶ 35

1. 「_____」　2. 「_____」　3. 「_____」

4. 「_____」　5. 「_____」　6. 「_____」

7. 「_____」　8. 「_____」

9. 「_____」　10. 「_____」

《9番》 CD ▶ 38

1. _____   2. _____   3. _____

4. _____   5. _____   6. _____

7. _____   8. _____   9. _____

10. _____

《10番》 CD ▶ 41

1. _____   2. _____   3. _____

4. _____   5. _____   6. _____

7. _____   8. _____   9. _____

10. _____

《11番》 CD ▶ 46

1. _____

2. _____

3. _____

4. _____

5. _____

《12番》 CD ▶ 51

1. _____

2. _____

3. _____

4. _____

5. _____

《13番》 CD ▶ 56

1. _____ 「   」

2. _____ 「   」

3. _____ 「   」   4. _____ 「   」

5. _____ 「   」

《14番》 CD ▶ 60

1. _____ 「   」

2. _____ 「   」

3. _____ 「   」

4. _____ 「   」

5. _____ 「   」

《15番》 CD ▶ 64

1. _____ 「   」

2. _____ 「   」

3. _____ 「   」

4. _____ 「   」

5. _____ 「   」

《16番》 CD ▶ 69

1. _____ 「   」

2. _____ 「   」

3. _____ 「   」

4. _____ 「   」

5. _____ 「   」

《17番》 CD ▶ 72

1. 「　　　　　　　　　　　　　　　」
2. 「　　　　　　　　　　　　　　　」
3. 「　　　　　　　　　　　　　　　」
4. 「　　　　　　　　　　　　　　　」
5. 「　　　　　　　　　　　　　　　」

《18番》 CD ▶ 76

1. 「　　　　　　　　　　　　　　　」
2. 「　　　　　　　　　　　　　　　」
3. 「　　　　　　　　　　　　　　　」
4. 「　　　　　　　　　　　　　　　」
5. 「　　　　　　　　　　　　　　　」

《19番》 CD ▶ 81

1. 「　　　　　　　　　　　　　　　」
2. 「　　　　　　　　　　　　　　　」
3. 「　　　　　　　　　　　　　　　」
4. 「　　　　　　　　　　　　　　　」
5. 「　　　　　　　　　　　　　　　」

《20番》 CD ▶ 86

1. 「　　　　　　　　　　　　　　　」
2. 「　　　　　　　　　　　　　　　」
3. 「　　　　　　　　　　　　　　　」
4. 「　　　　　　　　　　　　　　　」
5. 「　　　　　　　　　　　　　　　」

《21番》　CD ▶ 90

1. 「　　　　　　　　　　　　　　　　　」

2. 「　　　　　　　　　　　　　　　　　」

3. 「　　　　　　　　　　　　　　　　　」

4. 「　　　　　　　　　　　　　　　　　」

5. 「　　　　　　　　　　　　　　　　　」

《22番》　CD ▶ 94

1. 「　　　　　　　　　　　　　　　　　」

2. 「　　　　　　　　　　　　　　　　　」

3. 「　　　　　　　　　　　　　　　　　」

4. 「　　　　　　　　　　　　　　　　　」

5. 「　　　　　　　　　　　　　　　　　」

《23番》　CD ▶ 98

1. 「　　　　　　　　　　　　　　　　　」

2. 「　　　　　　　　　　　　　　　　　」

3. 「　　　　　　　　　　　　　　　　　」

4. 「　　　　　　　　　　　　　　　　　」

5. 「　　　　　　　　　　　　　　　　　」

書き取り問題解答

（体言・副詞・接続詞・活用させていない用言などには終止符が打たれていません．）

《1番》
1. 야　2. 요　3. 우　4. 으　5. 오　6. 어　7. 아　8. 여　9. 유　10. 이

《2番》
1. 비「雨」　2. 소리「音」「声」　3. 라디오「ラジオ」　4. 나라「国」　5. 바지「ズボン」　6. 우리「私達」　7. 뉴스「ニュース」　8. 나「わたし」「僕」　9. 다리「橋」「脚」　10. 가수「歌手」

《3番》
1. 보리차「麦茶」　2. 사투리「訛り」　3. 토지「土地」　4. 커피「コーヒー」　5. 치마「スカート」　6. 기차「汽車」　7. 하나「ひとつ」　8. 아파요.「痛いです」　9. 토마토「トマト」　10. 오후「午後」

《4番》
1. 머리「頭」　2. 소주「焼酎」　3. 부부「夫婦」　4. 가자.「行こう」　5. 아버지「お父さん」　6. 허리「腰」　7. 마시다「飲む」　8. 수도「水道」「首都」　9. 두부「豆腐」　10. 차표「乗車券」

《5番》
1. 아빠「パパ」　2. 또다시「再度」　3. 아까「さっき」　4. 짜다.「塩辛い」　5. 뼈「骨」　6. 까치「かささぎ」　7. 바빠요.「忙しいです」　8. 이따가「あとで」　9. 아주 싸요.「とても安いです」　10. 아뇨, 비싸요.「いいえ, 高いです」

《6番》
1. 시계「時計」　2. 주세요.「ください」　3. 더워요.「暑いです」　4. 의자「椅子」　5. 매화「梅の花」　6. 예의「礼儀」　7. 돼지「豚」　8. 때때로「時々」　9. 메뉴「メニュー」　10. 쓰레기「ごみ」

《7番》
1. 물「水」　2. 밥「ごはん」　3. 지갑「財布」　4. 선생님「先生」　5. 마음「心」　6. 고추장「唐がらし味噌」　7. 빵「パン」　8. 김치「キムチ」　9. 책「本」　10. 벚꽃「桜」

《8番》
1. 한국어「韓国語」　2. 조선어「朝鮮語」　3. 발음「発音」　4. 천천히「ゆっくり」　5. 학교「学校」　6. 먹자.「食べよう」　7. 좋다「良い」　8. 전화「電話」　9. 똑똑해요.「利口です」　10. 복잡해요.「複雑です」

《9番》
1. 독립「独立」　2. 한국말「韓国語」　3. 낱말「単語」　4. 십만「十万」　5. 설날「元旦」　6. 신라「新羅」　7. 심리「心理」　8. 승리「勝利」　9. 믿는다.「信じる」　10. 입니다.「です」

127

《10番》
　　1. 사전「辞書」 2. 역사「歴史」 3. 사랑「愛」 4. 집「家」 5. 여관「旅館」 6. 짬뽕「まぜこぜ」「チャンポン」 7. 노래「歌」 8. 통일「統一」 9. 맛있다.「おいしい」 10. 멋쟁이「おしゃれな人」「カッコイイ！」

《11番》
　　1. 안녕하십니까?「こんにちは」 2. 우리 어머니는 일본사람입니다.「うちの母は日本人です」 3. 저는 학생입니다.「私は学生です」 4. 이것은 교과서입니다.「これは教科書です」 5. 이 지도는 얼마입니까?「この地図はいくらですか?」

《12番》
　　1. 저는 학생이 아닙니다.「私は学生ではありません」 2. 그것은 커피가 아닙니다.「それはコーヒーではありません」 3. 어디서 일하고 있습니까? 「どこで働いていますか」 4. 거짓말이 아닙니다.「嘘ではありません」 5. 농담이 아닙니다.「冗談ではありません」

《13番》
　　1. 몇 학년입니까? 「何年生ですか」 2. 일본 생활, 재미있습니까?「日本の生活、おもしろいですか」 3. 삼백오십(350) 4. 이만 (20,000) 5. 천오백 (1,500)

《14番》
　　1. 대한민국「大韓民国」 2. 조선민주주의인민공화국「朝鮮民主主義人民共和国」 3. 일본말로 뭐라고 합니까?「日本語で何と言いますか」 4. 독신 남자를 총각이라고도 합니다.「独身の男の人を〈チョンガー〉とも言います」 5. 얼마 주고 샀어요?「いくらで買いましたか」

《15番》
　　1. 지금 몇 시입니까?「いま、何時ですか」 2. 11시 50분입니다.「11時50分です」 3. 2시 반입니다.「2時半です」 4. 5시 15분입니다.「5時15分です」 5. 저녁 시간까지 아직 멀었군요.「夕食の時間までまだまだですね」

《16番》
　　1. 어디 갑니까?「どこに行きますか」 2. 도서관에 갑니다.「図書館に行きます」 3. 무슨 공부를 합니까?「何の勉強をしますか(/していますか)」 4. 택시가 더 빠릅니까?「タクシーのほうが速いですか」 5. 재미있습니까, 재미없습니까?「おもしろいですか、おもしろくないですか」

《17番》
　　1. 집이 어디에 있습니까?「家はどこにありますか」 2. 역에서 집까지 몇 분 걸립니까?「駅から家まで何分かかりますか」 3. 학교하고 우체국이 있습니다.「学校と郵便局があります」 4. 직장에서 가깝습니다.「職場から近いです」 5. 고양이보다 개를 더 좋아합니다.「猫より犬のほうが好きです」

《18番》
　　1. 화장실이 어디 있습니까?「トイレはどこにありますか」 2. 저는 버스를 타겠습니다.「私はバスに乗ります」 3. 편지는 테이블 위에 있습니다.「手紙はテーブルの上にあります」 4. 집에는 아무도 없습니다.「家には誰もいません」 5. 고맙습니다.「ありがとうございます」

《19番》
　　1. 누구십니까?「どなたさまですか」 2. 아버님은 돌아가셨습니다.「父は亡くなりました」 3. 김수철 씨는 일본말을 아주 잘하십니다.「金洙哲さんは日本語がとてもお上手です」 4.

음식은 뭘 좋아하십니까?「食べ物は何がお好きですか」 5. 연세가 어떻게 되십니까?「おいくつでいらっしゃいますか」

《20번》
1. 담배는 좋아하지 않습니다.「タバコは好きではありません」 2. 오늘은 학교에 안 갑니다.「今日は学校に行きません」 3. 술은 싫어하지 않습니다.「お酒は嫌いではありません」 4. 일본말은 어렵지 않습니까?「日本語は難しくありませんか」 5. 제 취미는 산책입니다.「私の趣味は散歩です」

《21번》
1. 몇 시부터 몇 시까지 텔레비전을 봐요?「何時から何時までテレビを見ますか」 2. 소주는 마시지 않아요.「焼酎は飲みません」 3. 재미있어요, 재미없어요?「おもしろいですか, おもしろくないですか」 4. 아주 피곤해요.「とても疲れました」 5. 이거 커피예요.「これはコーヒーです」

《22번》
1. 안녕하세요?「こんにちは」 2. 냉커피 하나 주세요.「アイスコーヒーひとつください」 3. 여기 앉으세요.「ここにお座りください」 4. 어디 가세요?「どちらへ行かれるのですか」 5. 이 분은 한국 분이세요.「この方は韓国の方でいらっしゃいます」

《23번》
1. 택시를 탔습니다.「タクシーに乗りました」 2. 어제 영화를 봤습니까?「きのう, 映画を見ましたか」 3. 라면을 먹었어요.「ラーメンを食べました」 4. 좋지 않았어요.「良くありませんでした」 5. 한국말을 공부했습니다.「韓国語を勉強しました」

単語集① (朝鮮語―日本語) (固)=固有数詞

ㄱ

가 ～が
가까이 近く
가깝다 近い
가꾸기 栽培
가끔 時々
가다 行く
가방 カバン
가수 歌手
가위 はさみ
가정 家庭
가지 種類
각오 覚悟
간판 看板
간호사 看護師
갈비 カルビ
갈비탕 カルビ湯
감사 感謝
감사하다 感謝する
감상 鑑賞
갑 箱
갑자기 急に
갑작스레 急に
값 値段
강 川
강하다 強い
같이 一緒に
개 個
개 犬
개월 カ月
거의 ほとんど
거짓말 嘘
걱정되다 心配になる
건물 建物
건배 乾杯
건축 建築
걸어가다 歩いて行く
걸음 歩み
걸치다 わたる
것 物、事
겨우 やっと
결석 欠席
경 頃
경영 経営
경제학 経済学
경찰서 警察署
계기 契機
계산 計算、勘定
계속 引き続き
계시다 いらっしゃる
고고학 考古学
고등학교 高等学校
고래 鯨
고맙다 ありがたい

고민 悩み
고생 苦労
고양이 猫
고추장 コチュジャン
고향 故郷
곰탕 コムタン
곱배기 大盛り
곱하기 掛け算
공 0
공무원 公務員
공부 勉強
공원 公園
공장 工場
공짜 ただ
공학 工学
공화국 共和国
과 ～と
과거 過去
과시 誇示
과일 果物
관계 関係
관광 観光
관광객 観光客
관리 管理
관심 関心
괜찮다 構わない
교과서 教科書
교육 教育
교원 教員
교직원 (大学の) 職員
교포 僑胞、同胞
구 9
구경 見物
구급차 救急車
구둣소리 靴音
구십 90
구청 区役所
국내 国内
국밥 クッパ
국어 国語
국제 国際
군요 ～ですね
굳이 強いて
궤도 軌道
귀걸이 イヤリング
그 彼、彼女
그 その
그것 それ
그끄저께 さきおととい
그래도 それでも
그러나 しかし
그러다 そうする
그런대로 それなりに
그런데 ところで
그럼 では
그렇게 そんなに

그렇다 そうだ
그리고 そして
그저 그렇다 まあまあだ
그저께 おととい
근무하다 勤務する
글피 しあさって
금요일 金曜日
기다 這う
기쁘다 うれしい
기차 汽車
길 道
길가 道端
길다 長い
김치 キムチ
까맣다 黒い
까지 ～まで
까치 カササギ
깍두기 カクテキ
깎다 値段を下げる
깨끗하다 清潔だ
꽃 花
끄다 消す
끓이다 作る、炊く
끝나다 終わる

ㄴ

나라 国
나쁘다 悪い
나이 年齢
날다 飛ぶ
남 他人
남대문 南大門
남자 男
낫다 治る；ましだ
낱말 単語
낳다 生む
내 私の
내일 明日
냉면 冷麺
냉커피 アイスコーヒー
너무 あまりに、～すぎる
넓다 広い
넘어지다 倒れる
네 はい
네 4 (固)
넷 4 (固)
년 年
노동 労働
노래 歌
노력하다 努力する
노크 ノック
노트 ノート
노후 老後
놀다 遊ぶ
농담 冗談

i

농학 農学
높이 高さ
놓다 置く
뇌 脳
누구 誰
누르다 黄色い
눈송이 雪片
뉴스 ニュース
는 ～は
늘다 増える

ㄷ

다니다 通う
다르다 異なっている
다리 橋；脚
다섯 5（固）
다음주 来週
단계 段階
달 月
담배 たばこ
대학교 大学
대학생 大学生
대학원생 大学院生
더 さらに、いっそう
덥다 暑い
도 ～も
～도 ～島
도라지 ききょう
도서관 図書館
도시 都市
도시락 弁当
돼지 豚
독립 独立
독서 読書
독신 独身
돈 お金
돌솥비빔밥 石焼ビビンパ
돌아가다 帰る
돌아가시다 お亡くなりになる
돕다 手伝う
동물원 動物園
동생 弟、妹
동아리 방 部室
되다 できる、なる
된소리 濃音
두 2（固）
두부 豆腐
둘 2（固）
뒤 後ろ
드리다 差し上げる
드라이브 ドライブ
드시다 召し上がる
듣다 聞く
들다 入る
등록금 授業料
등산 登山
등잔 灯台
따뜻하다 暖かい

따르다 従う
때때로 時々
떠나다 離れる、去る
떡국 トック
또 また
또다시 再度
똑똑하다 利口だ
띄어쓰기 分かち書き

ㄹ

라고 ～と
라디오 ラジオ
라면 ラーメン
레스토랑 レストラン
로 ～へ；～で
를 ～を
리 里（り）

ㅁ

마시다 飲む
마음 心
마흔 40（固）
만 万
만 だけ
만나다 会う
만년필 万年筆
만들다 作る
만들어지다 作られる
만화 マンガ
많다 多い
많이 たくさん
말 言葉
말고 ～ではなくて
말씀 お言葉、お話
말씀하다 おっしゃる
말하다 言う
맛있다 おいしい
맞다 正しい
맡기다 任せる
매미 蝉
매일 毎日
매화 梅の花
맥주 ビール
맵다 辛い
머리 頭
머무르다 泊まる
먹다 食べる
먹는 것 食べること
먼저 先に、まず
멀다 遠い
멋쟁이 おしゃれな人
메뉴 メニュー
몇 いくつの、何
몇 시 何時
모기 蚊
모두 すべて、みな
모레 あさって

모르다 わからない
모으기 収集
목 首
목요일 木曜日
몸 体
못하다 出来ない
무늬 模様
무슨 何の
무엇 何
무역 貿易
문법 文法
문제 問題
문학 文学
문화 文化
묻다 尋ねる
묻히다 埋まる
물 水
물가 物価
물리 物理
뭐니뭐니해도
　　なんだかんだ言っても
미국 アメリカ
미닫이 引き戸
미리 あらかじめ
미술관 美術館
미안하다 すまない
미터 メーター
미학 美学
민주 民主
믿다 信じる
밑 下

ㅂ

바다 海
바닷가 海辺
바람 風
바쁘다 忙しい
버스 バス
바지 ズボン
밖 外
반 半
반말 ぞんざいな言葉
받다 受け取る
받아쓰기 書き取り
받침 パッチム
발견 発見
발생 発生
발음 発音
발전 発展
밤 夜
밥 飯
방 部屋
방송 放送
방학 休み
밭 畑
배 腹；船；梨
배우다 教わる、習う
백 100

백만	100万
백화점	デパート
벌레	虫
벌써	もう、すでに
법	法
벚꽃	桜
별	星
별로	あまり、別に
병	瓶
병원	病院
벤치	ベンチ
보다	見る；〜より
보리	麦
보통	普通
복습	復習
복잡하다	複雑だ
복지	福祉
볼펜	ボールペン
부끄럽다	恥ずかしい
부르다	呼ぶ
부부	夫婦
부산	釜山
부옇다	ぼやけている
부탁하다	頼む
부터	〜から
분	分；方（かた）
불고기	プルゴギ、焼肉
불다	吹く
불조심	火の用心
붓다	腫れる
붙이다	付ける
비	雨
비교	比較
비빔밥	ビビンパ
비서	秘書
비슷하다	似ている
비싸다	高い
비엔나 커피	ウインナーコーヒー
비행기	飛行機
빈대떡	ピンデトック
빛나다	輝く
빠르다	速い
빨리	早く
빵	パン
뼈	骨

ㅅ

사	4
사과	りんご
사과하다	謝る
사귀다	知り合う
사다	買う
사람	人
사랑	愛
사무소	事務所
사무실	事務所
사십	40
사이가 좋다	仲がよい
사이다	サイダー
사이클링	サイクリング
사장님	社長
사전	辞典
사진	写真
사투리	訛り
사회	社会
산	山
산책	散歩
살	歳
살다	生きる；住む
살찌다	太る
삼	3
삼계탕	蔘鷄湯
삼십	30
상상	想像
새롭다	新しい
색연필	色鉛筆
생각이 나다	思い出す
생강	生姜
생활	生活
샤프펜슬	シャープペン
서	〜して；〜から；〜で
서른	30（固）
서무	庶務
서부	西部
서울	ソウル
서점	書店
서쪽	西
선물	プレゼント
선불	前払い
선생님	先生
설날	元旦
설명하다	説明する
세	3（固）
세계	世界
셋	3（固）
셔츠	シャツ
소	牛
소나기	夕立
소나무	松
소리	音；声
소주	焼酎
손님	お客様
손해	損
쇼핑	ショッピング
수도	水道；首都
수영	水泳
수요일	水曜日
수집	収集
수학	数学
술	酒
술집	飲み屋
쉬다	休む
쉰	50（固）
쉽다	易しい
스노우보드	スノーボード
스무	20（固）
스물	20（固）
스웨터	セーター
스쿠버다이빙	スキューバダイビング
스키	スキー
승리	勝利
시	時
시간	時間
시계	時計
시끄럽다	うるさい
시작하다	始める
시장	市場
시청	市役所
식당	食堂
식물원	植物園
식사하다	食事をする
신문	新聞
신선하다	新鮮だ
싣다	積む
실업중	失業中
싫어하다	嫌う
싫다	いやだ
심리	心理
십	10
십구	19
십만	10万
십사	14
십삼	13
십오	15
십육	16
십이	12
십일	11
십칠	17
십팔	18
〜(고) 싶다	〜したい
싸다	安い
쌩쌩	びゅうびゅうと
쓰다	使う；書く
쓰레기	ごみ
씨	氏

ㅇ

아	あ、あっ、ああ
아기	赤ん坊
아까	さっき
아뇨	いいえ
아니다	違う
아르바이트	アルバイト
아르바이트하는 데	アルバイト先
아름답다	美しい
아무것	何
아버님	お父様
아버지	お父さん
아빠	パパ
아이	子供
아이스크림	アイスクリーム
아주	とても
아직	まだ

아침	朝	연구생	研究生	웃다	笑う
아침 식사	朝食	연락하다	連絡する	원	ウォン
아파	痛い	연세	お年	월	月
아프다	痛い	연필	筆	월요일	月曜日
아홉	9 (固)	연휴	連休	웨이터	ウェイター
아흔	90 (固)	열	10 (固)	웨이트리스	ウェイトレス
악기	楽器	열네	14 (固)	위	上
안	なか	열넷	14 (固)	유원지	遊園地
안경	メガネ	열다섯	15 (固)	유학생	留学生
안내원	ガイド	열두	12 (固)	육	6
안녕	安寧	열둘	12 (固)	육십	60
앉다	座る	열세	13 (固)	율무	ハトムギ
앉히다	座らせる	열셋	13 (固)	으로	～へ；～で
~(지) 않다	~でない	열아홉	19 (固)	은	~は
알다	知っている；思う	열여덟	18 (固)	은행	銀行
앞	前；将来	열여섯	16 (固)	은행원	銀行員
앞날	未来	열일곱	17 (固)	을	~を
앞으로도	今後も	열하나	11 (固)	음악	音楽
애인	恋人	열한	11 (固)	의사	医師
야구	野球	영	0	의자	椅子
야유회	ピクニック	영문학	英文学	의학	医学
약국	薬局	영어	英語	이	~が
얘기	話	영화	映画	이	2
어느쪽	どちら	영화관	映画館	이	この
어둡다	暗い	옆	隣	이것	これ
어디	どこ	예순	60 (固)	이다	だ、～である
어떻게	どうして、どのように	예약하다	予約する	이따가	あとで
어떻다	どんなだ	예외	例外	이렇게	こんなに
어렵다	難しい	예의	礼儀	이르다	至る
어머님	お母様	엔지니어	エンジニア	이름	名前
어서	早く、どうぞ	오	5	이번주	今週
어쩌고저쩌고	なんだかんだと	오늘	今日	이십	20
어쩌다	どうする、どんなだ	오다	降る；来る	이야기하다	話す
어제	昨日	오래	長い間	이유	理由
억	億	오렌지	オレンジ	이후	以後
언어	言語	오른쪽	右	익히다	習う
언제	いつ	오십	50	인민	人民
얻다	もらう	오이	キュウリ	인삼	人参
얼마	どれほど、いくら	오전	午前	일	1
얼음	氷	오후	午後	일	日
없다	ない、いない	온돌	オンドル	일곱	7 (固)
에	~に	옷	服	일본	日本
에게	~に	와	~と	일본말	日本語
에게서	~から	왜	なぜ	일식집	日本料理店
에서	~から；~で	외교	外交	일어나다	起きる
여관	旅館	외국사람	外国人	일어일문	日語日文
여기	ここ	외국어	外国語	일요일	日曜日
여기서	ここから	왼쪽	左	일하다	仕事をする
여덟	8 (固)	요구르트	ヨーグルト	일행	一行
여동생	妹	요리	料理	일흔	70 (固)
여든	80 (固)	요새	この頃、近頃	읽다	読む
여섯	6 (固)	우리	私達	입구	入口
여유	余裕	우리들	私達	입니다	~です
여자	女子	우유	牛乳	입학	入学
여쭙다	お伺いする	우체국	郵便局	있다	ある、いる
여행	旅行	우표	切手	잊어버리다	忘れる
여행사	旅行会社	운전	運転	잊혀지다	忘れられる
역	駅	운전 기사님	運転手	잎	葉
역사	歴史	울다	泣く		

ㅈ

자　さあ
자　定規
자다　眠る、寝る
자유업　自由業
자전거　自転車
자장면　ジャージャー麺
자주　しょっちゅう、よく
작년　昨年
작다　小さい
작품　作品
잘　よく、上手に
잘못　間違い
잘하다　上手だ
잠시　ちょっと
잡지　雑誌
장군　将軍
재미있다　面白い
재일　在日
제　私の
제　第
저　あの
저　私
저것　あれ
저녁　夕食
저녁 식사　夕食
저희　私ども
적다　少ない
전　前
전　私は
전공　専攻
전철　電車
전화　電話
점심　昼食
점원　店員
젓가락　箸
정각　ちょうど
정류장　停留所
정식　定食
정신적인　精神的な
정치　政治
조　兆
조금　少し
조깅　ジョギング
조선　朝鮮
조선말　朝鮮語
조선어　朝鮮語
조심하다　気をつける
조용하다　静かだ
조용히　静かに
족　族
졸리다　眠い
좀　もう少し
종　鐘
종업원　従業員
좋다　良い
좋아하다　好む
죄송하다　申し訳ない

주다　与える
주로　主に
주부　主婦
주세요　ください
주스　ジュース
주의　主義
중국　中国
중국집　中国料理店
중학교　中学校
지각　遅刻
지갑　財布
지구　地球
지금　今
지나가다　通り過ぎる
지난주　先週
지도　地図；指導
지우개　消しゴム
지진　地震
지하　地下
지하철　地下鉄
직원　職員
직장　職場
진학하다　進学する
질　質
짐　荷物
집　店
짜다　塩辛い
짬뽕　チャンポン；まぜこぜ
쭉　ずうっと
찍다　撮る

ㅊ

차　茶；車
찾다　探す
차비　車代、交通費
착하다　善良だ
차표　乗車券
책　本
책받침　下敷き
책상　机
책임자　責任者
처음　初めて
천　千
천재　天才
천천히　ゆっくり
철학　哲学
청강생　聴講生
초　秒
초급　初級
총각　独身の青年
축구　サッカー
축하　祝賀
춘추　お年
출석　出席
출입국　出入国
출판사　出版社
춤　踊り
춥다　寒い

취미　趣味
취직　就職
층　階
치마　スカート
친구　友達
칠　7
칠십　70

ㅋ

카페오레　カフェオレ
카푸치노　カプチーノ
커피　コーヒー
커피숍　喫茶店
컴퓨터　コンピュータ
코피　鼻血
코코아　ココア
콜라　コーラ
콩　バタン
킬로　キロ

ㅌ

타다　乗る
택시　タクシー
테이블　テーブル
텔레비전　テレビ
토마토　トマト
토요일　土曜日
토지　土地
통역　通訳
통일　統一
퇴근　退社

ㅍ

파랗다　青い
파출소　交番
파티　パーティー
팔　8
팔십　80
편의점　コンビニ
편지　手紙
평사원　平社員
포도　ブドウ
푸다　汲み取る、よそう
푸르다　青い
피곤하다　疲れている
피부　皮膚
피시방　インターネットカフェ
피아노　ピアノ
피우다　吸う
필통　筆箱

ㅎ

하고　～といって
하고　～と
하나　1 (固)

하다　する；思う	한정식　韓定食	혼자　一人
하루　一日	한턱내다　御馳走する	홍차　紅茶
하얗다　白い	한테　〜に	화를 내다　腹を立てる
학　学	한테서　〜から	화요일　火曜日
학교　学校	합리적　合理的	화장실　トイレ
학년　学年	합승　相乗り	화초　草花
학생　学生	해외　海外	환경과학　環境科学
한　1 (固)	허리　腰	회관　会館
한　約	허수아비　かかし	회사　会社
한국　韓国	형　兄	회사원　会社員
한국말　韓国語	호수　湖	회화　会話；絵画
한국어　韓国語	호우　豪雨	효자　孝行息子
한글　ハングル	호텔　ホテル	휴식　休憩
한여름　真夏	혹시　ひょっとして	휴지통　くず入れ

単語集② (日本語—朝鮮語)

あ行

あ、あっ、ああ	아
愛	사랑
アイスクリーム	아이스크림
アイスコーヒー	냉커피
相乗り	합승
会う	만나다
青い	파랗다, 푸르다
赤ん坊	아기
朝	아침
あさって	모레
脚	다리
明日	내일
遊ぶ	놀다
与える	주다
暖かい	따뜻하다
頭	머리
新しい	새롭다
暑い	덥다
あとで	이따가
兄	형
あの	저
あまり	별로
あまりに	너무
雨	비
アメリカ	미국
謝る	사과하다
歩み	걸음
あらかじめ	미리
ありがたい	고맙다
ある	있다
歩いて行く	걸어가다
アルバイト	아르바이트
アルバイト先	아르바이트하는 데
あれ	저것
いいえ	아뇨
言う	말하다
医学	의학
生きる	살다
行く	가다
いくつの	몇
いくら	얼마
以後	이후
医師	의사
石焼ビビンパ	돌솥비빔밥
椅子	의자
忙しい	바쁘다
至る	이르다
1	일,(固)하나, 한
一日	하루
市場	시장
痛い	아파, 아프다
いつ	언제
一行	일행
一緒に	같이
いっそう	더
いない	없다
犬	개
今	지금
妹	동생, 여동생
いやだ	싫다
イヤリング	귀걸이
いらっしゃる	계시다
入口	입구
いる	있다
色鉛筆	색연필
インターネットカフェ	피시방
ウインナーコーヒー	비엔나 커피
美しい	아름답다
上	위
ウェイター	웨이터
ウェイトレス	웨이트리스
ウォン	원
受け取る	받다
牛	소
後ろ	뒤
嘘	거짓말
歌	노래
埋まる	묻히다
海	바다
海辺	바닷가
生む	낳다
梅の花	매화
うるさい	시끄럽다
うれしい	기쁘다
運転	운전
運転手	운전 기사님
映画	영화
映画館	영화관
英語	영어
英文学	영문학
駅	역
鉛筆	연필
エンジニア	엔지니어
おいしい	맛있다
お伺いする	여쭙다
多い	많다
大盛り	곱배기
お母様	어머님
お金	돈
お客様	손님
起きる	일어나다
億	억
置く	놓다
お言葉	말씀
おしゃれな人	멋쟁이
教わる	배우다
おっしゃる	말씀하다
音	소리
弟	동생
お父様	아버님
お父さん	아버지
男	남자
お年	연세, 춘추
おととい	그저께
踊り	춤
お亡くなりになる	돌아가시다
お話	말씀
思い出す	생각이 나다
思う	하다, 알다
面白い	재미있다
主に	주로
オレンジ	오렌지
終わる	끝나다
音楽	음악
オンドル	온돌

か行

蚊	모기
～が	가, 이
階	층
絵画	회화
海外	해외
会館	회관
外交	외교
外国語	외국어
外国人	외국사람
会社	회사
会社員	회사원
ガイド	안내원
会話	회화
買う	사다
帰る	돌아가다
かかし	허수아비
輝く	빛나다
書き取り	받아쓰기
書く	쓰다
学	학
覚悟	각오
学生	학생
カクテキ	깍두기
学年	학년
掛け算	곱하기
カ月	개월
過去	과거
カササギ	까치
歌手	가수
風	바람
方	분
楽器	악기
学校	학교
家庭	가정

鐘　종	銀行　은행	ここから　여기서
彼女　그	銀行員　은행원	心　마음
カバン　가방	勤務する　근무하다	腰　허리
カフェオレ　카페오레	金曜日　금요일	誇示　과시
カプチーノ　카푸치노	草花　화초	50　오십,(固)쉰
構わない　괜찮다	鯨　고래	午前　오전
通う　다니다	くず入れ　휴지통	御馳走する　한턱내다
火曜日　화요일	ください　주세요	コチュジャン　고추장
〜から　한테서, 부터, 서, 에게서, 에서	果物　과일	事　것
辛い　맵다	靴音　구둣소리	異なっている　다르다
体　몸	クッパ　국밥	言葉　말
カルビ　갈비	国　나라	子供　아이
カルビタン　갈비탕	首　목	この　이
彼　그	汲み取る　푸다	この頃、近頃　요새
川　강	区役所　구청	好む　좋아하다
環境科学　환경과학	暗い　어둡다	ごみ　쓰레기
関係　관계	来る　오다	コムタン　곰탕
観光　관광	車　차	これ　이것
観光客　관광객	黒い　까맣다	頃　경
韓国　한국	苦労　고생	今後も　앞으로도
韓国語　한국말, 한국어	経営　경영	今週　이번주
看護師　간호사	契機　계기	こんなに　이렇게
感謝　감사	経済学　경제학	コンビニ　편의점
感謝する　감사하다	警察署　경찰서	コンピュータ　컴퓨터
鑑賞　감상	計算　계산	
勘定　계산	消しゴム　지우개	さ行
関心　관심	消す　끄다	さあ　자
元旦　설날	欠席　결석	歳　살
韓定食　한정식	月曜日　월요일	サイクリング　사이클링
乾杯　건배	研究生　연구생	サイダー　사이다
看板　간판	言語　언어	再度　또다시
管理　관리	建築　건축	在日　재일
黄色い　누르다	見物　구경	栽培　가꾸기
ききょう　도라지	個　개	財布　지갑
聞く　듣다	5　오,(固)다섯	探す　찾다
汽車　기차	恋人　애인	さきおととい　그끄저께
喫茶店　커피숍	豪雨　호우	先に　먼저
切手　우표	公園　공원	作品　작품
軌道　궤도	工学　공학	桜　벚꽃
昨日　어제	孝行息子　효자	酒　술
キムチ　김치	考古学　고고학	差し上げる　드리다
9　구,(固)아홉	工場　공장	サッカー　축구
救急車　구급차	紅茶　홍차	さっき　아까
休憩　휴식	交通費、車代　차비	雑誌　잡지
90　구십,(固)아흔	高等学校　고등학교	寒い　춥다
急に　갑자기, 갑작스레	交番　파출소	サムゲ湯　삼계탕
牛乳　우유	公務員　공무원	さらに　더
キュウリ　오이	合理的　합리적	去る　떠나다
今日　오늘	声　소리	3　삼,(固)세, 셋
教育　교육	コーヒー　커피	30　삼십,(固)서른
教員　교원	コーラ　콜라	散歩　산책
教科書　교과서	氷　얼음	氏　씨
僑胞　교포	故郷　고향	時　시
共和国　공화국	国語　국어	しあさって　글피
昨年　작년	国際　국제	強いて　굳이
嫌う　싫어하다	国内　국내	塩辛い　짜다
キロ　킬로	ここ　여기	しかし　그러나
気をつける　조심하다	ココア　코코아	時間　시간
	午後　오후	仕事をする　일하다

地震 지진	初級 초급	先週 지난주
静かだ 조용하다	ジョギング 조깅	先生 선생님
静かに 조용히	職員 직원, 교직원	善良だ 착하다
下 밑	食事をする 식사하다	そうする 그러다
～したい ～(고) 싶다	食堂 식당	想像 상상
従う 따르다	職場 직장	そうだ 그렇다
下敷き 책받침	植物園 식물원	ソウル 서울
質 질	女子 여자	族 족
失業中 실업중	しょっちゅう 자주	そして 그리고
知っている 알다	ショッピング 쇼핑	外 밖
～して 서	書店 서점	その 그
辞典 사전	庶務 서무	それ 그것
自転車 자전거	知らない 모르다	それでも 그래도
指導 지도	知り合う 사귀다	それなりに 그런대로
～島 ～도	白い 하얗다	損 손해
事務所 사무소, 사무실	進学する 진학하다	ぞんざいな言葉 반말
ジャージャー麺 짜장면	信じる 믿는다	そんなに 그렇게
シャープペン 샤프펜슬	新鮮だ 신선하다	
社会 사회	心配になる 걱정되다	た行
市役所 시청	新聞 신문	だ 이다
写真 사진	人民 인민	第 제
社長 사장님	新羅 신라	大学 대학교
シャツ 셔츠	心理 심리	大学院生 대학원생
10 십,(固)열	水泳 수영	大学生 대학생
11 십일,(固)열하나, 열한	水道 수도	退社 퇴근
19 십구,(固)열아홉	水曜日 수요일	倒れる 넘어지다
15 십오,(固)열다섯	吸う 피우다	高い 비싸다
13 십삼,(固)열세, 열셋	数学 수학	高さ 높이
14 십사,(固)열네, 열넷	ずうっと 쭉	炊く 끓이다
自由業 자유업	スカート 치마	たくさん 많이
従業員 종업원	スキー 스키	タクシー 택시
収集 모으기, 수집	スキューバダイビング 스쿠버다이빙	だけ 만
就職 취직		尋ねる 묻다
ジュース 주스	～すぎる 너무	ただ 공짜
12 십이,(固)열두, 열둘	少ない 적다	正しい 맞다
17 십칠,(固)열일곱	少し 조금	建物 건물
18 십팔,(固)열여덟	すでに 벌써	他人 남
10万 십만	スノーボード 스노우보드	頼む 부탁하다
16 십육,(固)열여섯	すべて 모두	たばこ 담배
主義 주의	ズボン 바지	食べる 먹다
授業料 등록금	すまない 미안하다	食べること 먹는 것
祝賀 축하	住む 살다	誰 누구
出席 출석	する 하다	段階 단계
出入国 출입국	座らせる 앉히다	単語 낱말
出版社 출판사	座る 앉다	小さい 작다
首都 수도	生活 생활	地下 지하
主婦 주부	清潔だ 깨끗하다	近い 가깝다
趣味 취미	政治 정치	違う 아니다
種類 가지	精神的な 정신적인	近く 가까이
生姜 생강	西部 서부	地下鉄 지하철
定規 자	セーター 스웨터	地球 지구
将軍 장군	世界 세계	遅刻 지각
乗車券 차표	責任者 책임자	地図 지도
上手だ 잘하다	雪片 눈송이	茶 차
上手に 잘	説明する 설명하다	チャンポン 짬뽕
冗談 농담	蝉 매미	ちょうど 정각
焼酎 소주	0 공, 영	ちょっと 잠시
将来 앞	千 천	～で 로, 서, 에서
勝利 승리	専攻 전공	～である 이다

テーブル 테이블
できない 못하다
できる 되다
～です 입니다
～ですね 군요
～でない ～(지) 않다
中学校 중학교
中国 중국
中国料理店 중국집
昼食 점심
兆 조
聴講生 청강생
朝食 아침 식사
朝鮮 조선
朝鮮語 조선말, 조선어
通訳 통역
使う 쓰다
疲れている 피곤하다
月 달
月 월
机 책상
作られる 만들어지다
作る 끓이다, 만들다
付ける 붙이다
積む 싣다
強い 강하다
定食 정식
停留所 정류장
手紙 편지
哲学 철학
手伝う 돕다
では 그럼
デパート 백화점
～ではなくて 말고
テレビ 텔레비전
店 집
店員 점원
天才 천재
電車 전철
電話 전화
～と 과, 라고, 와, 하고
～といって 하고
トイレ 화장실
統一 통일
どうして 어떻게
どうする 어쩌다
どうぞ 어서
灯台 등잔
豆腐 두부
動物園 동물원
遠い 멀다
通り過ぎる 지나가다
時々 가끔, 때때로
読書 독서
独身 독신
独身の青年 총각
独立 독립
時計 시계
どこ 어디

ところで 그런데
登山 등산
都市 도시
図書館 도서관
土地 토지
どちら 어느 쪽
トック 떡국
とても 아주
隣 옆
どのように 어떻게
飛ぶ 날다
トマト 토마토
泊まる 머무르다
友達 친구
土曜日 토요일
ドライブ 드라이브
努力する 노력하다
撮る 찍다
どれほど 얼마
どんなだ 어떻다, 어쩌다

な行
ない 없다
治る 낫다
なか 안
長い 길다
長い間 오래
仲がよい 사이가 좋다
泣く 울다
梨 배
なぜ 왜
7 칠, (固)일곱
70 칠십, (固)일흔
何 무엇, 아무것
名前 이름
訛り 사투리
悩み 고민
習う 배우다, 익히다
なる 되다
何～ 몇
何時 몇 시
なんだかんだと 어쩌고저쩌고
なんだかんだ言っても
　　 뭐니뭐니해도
何の 무슨
～に 한테, 에, 에게
2 이, (固)두, 둘
西 서쪽
20 이십, (固)스무, 스물
日語日文 일어일문
日曜日 일요일
似ている 비슷하다
日本 일본
日本語 일본말
日本料理店 일식집
荷物 짐
入学 입학
ニュース 뉴스
人参 인삼

猫 고양이
値段 값
値段を下げる 깎다
眠い 졸리다
眠る, 寝る 자다
年 년
年齢 나이
脳 뇌
濃音 된소리
農学 농학
ノート 노트
ノック 노크
飲み屋 술집
飲む 마시다
乗る 타다

は行
葉 잎
～は 는, 은
パーティー 파티
はい 네
入る 들다
這う 기다
箱 갑
はさみ 가위
橋 다리
箸 젓가락
初めて 처음
始める 시작하다
バス 버스
恥ずかしい 부끄럽다
畑 밭
バタン 쾅
8 팔, (固)여덟
80 팔십, (固)여든
発音 발음
発見 발견
発生 발생
パッチム 받침
発展 발전
ハトムギ 율무
花 꽃
話 얘기
話す 이야기하다
鼻血 코피
離れる 떠나다
パパ 아빠
速い 빠르다
早く 빨리, 어서
腹 배
腹を立てる 화를 내다
腫れる 붓다
半 반
パン 빵
ハングル 한글
日 일
ビール 맥주
ピアノ 피아노
比較 비교

美学　미학
引き続き　계속
引き戸　미닫이
ピクニック　야유회
飛行機　비행기
美術館　미술관
秘書　비서
左　왼쪽
人　사람
一人　혼자
火の用心　불조심
ビビンパ　비빔밥
皮膚　피부
100　백
100万　백만
びゅうびゅうと　쌩쌩
秒　초
病院　병원
ひょっとして　혹시
平社員　평사원
広い　넓다
瓶　병
ピンデトック　빈대떡
夫婦　부부
増える　늘다
吹く　불다
服　옷
複雑だ　복잡하다
福祉　복지
復習　복습
釜山　부산
部室　동아리 방
豚　돼지
普通　보통
物価　물가
物理　물리
ブドウ　포도
太る　살찌다
筆箱　필통
船　배
降る　오다
プルコギ　불고기
プレゼント　선물
分　분
文化　문화
文学　문학
文法　문법
〜へ　로, 으로
別に　별로
部屋　방
勉強　공부
ベンチ　벤치
弁当　도시락
法　법
貿易　무역
放送　방송
ボールペン　볼펜
星　별
ホテル　호텔

ほとんど　거의
骨　뼈
本　책

ま行

まあまあだ　그저 그렇다
毎日　매일
前　앞, 전
前払い　선불
任せる　맡기다
ましだ　낫다
まず　먼저
まぜこぜ　짬뽕
また　또
まだ　아직
松　소나무
間違い　잘못
〜まで　까지
真夏　한여름
万　만
マンガ　만화
万年筆　만년필
右　오른쪽
水　물
湖　호수
道　길
道端　길가
みな　모두
未来　앞날
見る　보다
民主　민주
麦　보리
虫　벌레
難しい　어렵다
メーター　미터
メガネ　안경
飯　밥
召し上がる　드시다
メニュー　메뉴
〜も　도
もう　벌써
申し訳ない　죄송하다
もう少し　좀
木曜日　목요일
物　것
模様　무늬
もらう　얻다
問題　문제

や行

焼肉　불고기
野球　야구
約　한
易しい　쉽다
安い　싸다
休み　방학
休む　쉬다
薬局　약국
やっと　겨우

山　산
遊園地　유원지
夕食　저녁, 저녁 식사
夕立　소나기
郵便局　우체국
雪　눈
ゆっくり　천천히
良い　좋다
ヨーグルト　요구르트
よく　자주, 잘
よそう　푸다
呼ぶ　부르다
読む　읽다
予約する　예약하다
余裕　여유
〜より　보다
夜　밤
4　사, (固)네, 넷
40　사십, (固)마흔

ら行

ラーメン　라면
来週　다음주
ラジオ　라디오
里　리
利口だ　똑똑하다
理由　이유
留学生　유학생
料理　요리
旅館　여관
旅行　여행
旅行会社　여행사
りんご　사과
例外　예외
礼儀　예의
冷麺　냉면
歴史　역사
レストラン　레스토랑
連休　연휴
連絡する　연락하다
老後　노후
労働　노동
6　육, (固)여섯
60　육십, (固)예순

わ行

分かち書き　띄어쓰기
わからない　모르다
忘れられる　잊혀지다
忘れる　잊어버리다
私　저
私達　우리, 우리들
私ども　저희
私の　내, 제
私は　전
わたる　걸치다
笑う　웃다
悪い　나쁘다
〜を　를, 을

◇ＣＤ吹込者　李　美　賢（이 미 현）
　　　　　　李　泓　馥（이 홍 복）

著者略歴
高島淑郎（たかしま　よしろう）
　韓国・東国大学大学院修士課程修了．元北星学園大学教授．
　主要著書『朝鮮語辞典』『日韓辞典』『ポケットプログレッシブ韓日・
　日韓辞典』（共編，小学館），『日東壮遊歌』（訳注，平凡社），
　『書いて覚える中級朝鮮語』（白水社）

書いて覚える初級朝鮮語（改訂版・ＣＤ付）

2002年11月20日　第１刷発行
2017年３月30日　第22刷発行

著　者 © 高　島　淑　郎
発行者　　及　川　直　志
組版所　　Ｐ　ワ　ー　ド
印刷所　　富士リプロ株式会社

発行所　101-0052東京都千代田区神田小川町3の24
　　　　電話03-3291-7811（営業部），7821（編集部）
　　　　http://www.hakusuisha.co.jp　　株式会社 白水社
　　　　乱丁・落丁本は，送料小社負担にてお取り替えいたします．

振替 00190-5-33228　　　　　　　　　　　　誠製本株式会社

ISBN978-4-560-00581-1
Printed in Japan

▷本書のスキャン，デジタル化等の無断複製は著作権法上での例外を
除き禁じられています．本書を代行業者等の第三者に依頼してスキャン
やデジタル化することはたとえ個人や家庭内での利用であっても著
作権法上認められていません．

書いて覚える中級朝鮮語　高島淑郎 著
『初級』で好評の書いて覚える方式を採用！

ロングセラー『書いて覚える初級朝鮮語』の待望の中級編．シンプルな文法説明と豊富な練習問題を通して実力アップを目指します．語尾の攻略が大きなカギ．　［2色刷］B5判／127頁【CD付】

朝鮮語の入門 ［改訂版］　菅野裕臣 著　浜之上幸／権容璟 改訂

文字と発音から詳しい文法まで網羅する名著の全面改訂版．書きことばと話しことばを明確に区別して，系統的に解説する．信頼できるレファランスとしても，必携の1冊．　A5判／302頁【CD付】

絵で学ぶ韓国語文法　金京子／河村光雅 著
◎初級のおさらい，中級へのステップアップ

現在形からパンマル，連体形まで77の文法項目．効果的に絵を使ったコンパクトなまとめと練習問題．さらに，22のコラムでお悩み解決．ポイントを直感的に理解でき記憶に残ります．　［2色刷］A5判／269頁

韓国語発音クリニック　前田真彦 著

うまく言葉が伝わらないという，あなたの韓国語の発音の悩みに適切な診断を下し，解決策をお教えします．目からウロコの特効薬が満載．初級者にも中級者にもピリリと効きます．　A5判／159頁【CD付】

Eメールの韓国語　白宣基／金南听 著

韓国語のEメールは，相手との上下関係や距離感によって敬称や語尾をつかい分けることがポイント．ハングルの入力方法から，様々な場面における文例と関連表現までをていねいな解説で．　A5判／185頁

菅野裕臣／早川嘉春／志部昭平／浜田耕策／松原孝俊／野間秀樹／塩田今日子／伊藤英人 編

コスモス朝和辞典【第2版】

■大きな文字，非常に合理的に選ばれた見出し語．合成・派生語，文法的な形を含めて約18000語■発音は記号とカナの併記■詳しい文法・用法説明．変化形からも引ける■収録語の範囲内での豊富な例文■南北の綴り・語義の違いも明記■和朝語彙など付録も充実■韓国新正書法にも完全対応　B6変型／1053頁　◎別売テープ有り（3本組）

塚本勲 監修　熊谷明泰 責任編集　白岩美穂／黄鎮杰／金年泉 編

パスポート朝鮮語小辞典　朝和＋和朝

■朝和23000＋和朝6000＋ジャンル別単語・会話集5000■韓国の標準語に準拠■大きな文字で見やすい版面■学習・旅行・ビジネスに最適■朝和は全見出し語にカタカナ発音■和朝は生きた例文が豊富　［2色刷］B小型／640頁

한반도 지도 / 朝鮮半島地図

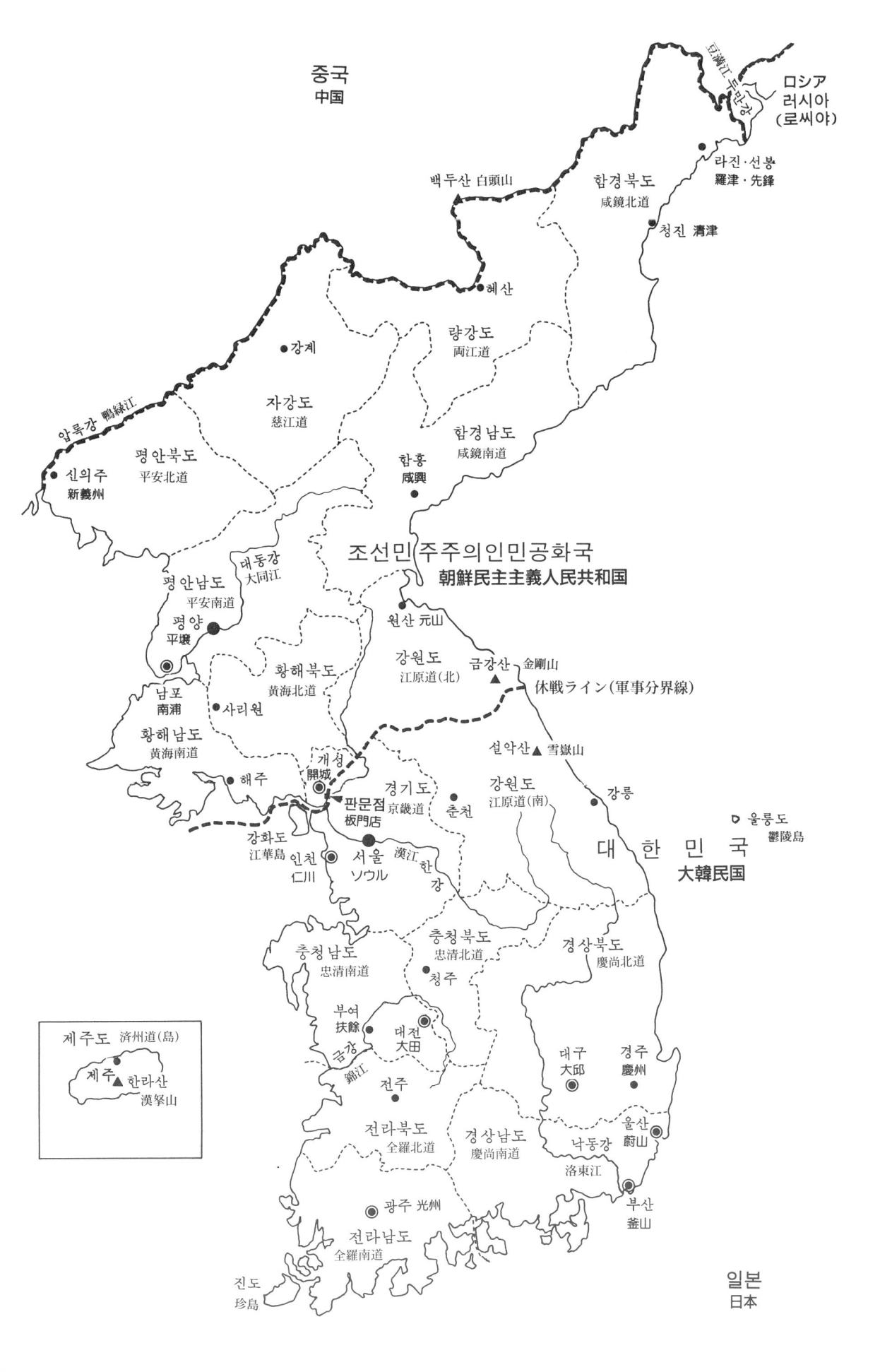

- 중국 / 中国
- 러시아 / ロシア (로씨야)
- 일본 / 日本

조선민주주의인민공화국 / 朝鮮民主主義人民共和国

- 백두산 / 白頭山
- 압록강 / 鴨緑江
- 두만강 / 豆満江
- 함경북도 / 咸鏡北道
  - 라진·선봉 / 羅津·先鋒
  - 청진 / 清津
  - 혜산
- 량강도 / 両江道
- 자강도 / 慈江道
  - 강계
- 함경남도 / 咸鏡南道
  - 함흥 / 咸興
- 평안북도 / 平安北道
  - 신의주 / 新義州
- 평안남도 / 平安南道
  - 평양 / 平壌
  - 대동강 / 大同江
- 남포 / 南浦
- 황해북도 / 黄海北道
  - 사리원
- 황해남도 / 黄海南道
  - 해주
- 강원도 / 江原道(北)
  - 원산 / 元山
  - 금강산 / 金剛山
- 개성 / 開城
- 판문점 / 板門店

休戦ライン（軍事分界線）

대한민국 / 大韓民国

- 설악산 / 雪嶽山
- 경기도 / 京畿道
  - 강화도 / 江華島
  - 인천 / 仁川
  - 서울 / ソウル
  - 한강 / 漢江
  - 춘천
- 강원도 / 江原道(南)
  - 강릉
- 울릉도 / 鬱陵島
- 충청남도 / 忠清南道
  - 부여 / 扶餘
- 충청북도 / 忠清北道
  - 청주
- 대전 / 大田
- 금강 / 錦江
- 전주
- 경상북도 / 慶尚北道
  - 대구 / 大邱
  - 경주 / 慶州
- 전라북도 / 全羅北道
- 경상남도 / 慶尚南道
  - 낙동강 / 洛東江
  - 울산 / 蔚山
  - 부산 / 釜山
- 광주 / 光州
- 전라남도 / 全羅南道
- 진도 / 珍島

제주도 / 済州道(島)
- 제주
- 한라산 / 漢拏山